煤炭企业
生产经营管理研究

张力恒 狄方平 罗勇 著

延吉·延边大学出版社

图书在版编目（CIP）数据

煤炭企业生产经营管理研究 / 张力恒，狄方平，罗勇著. -- 延吉：延边大学出版社，2024.7. -- ISBN 978-7-230-06894-9

Ⅰ．F407.216

中国国家版本馆 CIP 数据核字第 2024SP5345 号

煤炭企业生产经营管理研究

著　　者：张力恒　狄方平　罗　勇
责任编辑：朱秋梅
封面设计：文合文化
出版发行：延边大学出版社

社　　址：吉林省延吉市公园路 977 号	邮　　编：133002
网　　址：http://www.ydcbs.com	
E-mail：ydcbs@ydcbs.com	
电　　话：0433-2732435	传　　真：0433-2732434
发行电话：0433-2733056	
印　　刷：三河市嵩川印刷有限公司	
开　　本：787 mm×1092 mm　1/16	
印　　张：13.25	字　　数：200 千字
版　　次：2024 年 7 月　第 1 版	
印　　次：2024 年 7 月　第 1 次印刷	

ISBN 978-7-230-06894-9

定　　价：65.00 元

前　　言

　　煤炭作为世界上最重要的能源之一，在全球经济和社会发展中扮演着至关重要的角色。然而，随着新能源和环保意识的日益增强，煤炭行业面临着巨大的挑战和变革。在这个背景下，对煤炭企业生产经营管理进行研究变得尤为重要。

　　本书旨在全面系统地研究煤炭企业的生产经营管理，并提供相关的指导和建议。希望通过深入探讨煤炭企业的核心问题和挑战，为相关从业人员、研究者和决策者提供有价值的参考和借鉴。

　　本书共分为四章。第一章介绍了煤炭企业生产经营管理理论，让读者对煤炭企业的生产经营管理有一个初步的认识；第二章对煤炭企业生产经营管理的现状进行了分析，包括煤炭企业的生产营销系统、煤炭企业生产管理存在的问题和煤炭企业生产经营管理问题的解决路径；第三章对煤炭企业生产经营管理的战略与决策进行了探索；第四章以开滦（集团）有限责任公司煤炭运销分公司为例，对煤炭企业生产经营管理的实践进行分析研究。

　　在编写本书的过程中，笔者借鉴了国内外的相关研究成果，并结合自身的实践经验，力求为读者提供权威、全面、实用的内容。然而，由于煤炭行业的特殊性和复杂性，本书无法穷尽所有问题和情境。因此，欢迎读者提出宝贵意见和建议，以便不断完善本书的内容。

　　希望本书能够带给广大读者以启发和帮助，促进煤炭企业生产经营管理水平的提升，推动煤炭行业的可持续发展。

目 录

第一章 煤炭企业生产经营管理理论概述 1
第一节 生产经营管理基本理论 1
第二节 煤炭企业生产经营管理的理论体系 29

第二章 煤炭企业生产经营管理现状分析 77
第一节 煤炭企业生产营销系统 77
第二节 煤炭企业生产经营管理存在的问题 87
第三节 煤炭企业生产经营管理问题的解决路径 97

第三章 煤炭企业生产经营管理战略与决策 155
第一节 煤炭企业经营思想 155
第二节 煤炭企业生产经营环境与目标 157
第三节 煤炭企业生产经营战略 167
第四节 煤炭企业生产经营决策 174

第四章 煤炭企业生产经营管理实践——
以开滦（集团）有限责任公司煤炭运销分公司为例 183
第一节 煤炭运销分公司生产经营管理的现状分析 183
第二节 煤炭运销分公司生产经营管理模式 189
第三节 煤炭运销分公司生产经营管理实践路径 194

参考文献 202

第一章 煤炭企业生产经营管理理论概述

第一节 生产经营管理基本理论

一、生产管理理论概述

（一）生产的理解

按照马克思主义的观点，生产是以一定生产关系联系起来的人们利用劳动资料，改变劳动对象，以适合人们需要的过程。这里所说的生产主要指物质资料的生产，即通过生产过程，使一定的原材料转化为特定的有形产品。

随着服务业的发展，生产的概念发生了延伸和扩展。一般将制造业提供有形产品的活动称为"生产"，将服务业提供服务的活动称为"运作"。

从一般意义上讲，可以将生产定义为：生产是一切社会组织将输入（生产要素，主要包括人、财、物、信息）通过加工，增值为输出（产品或服务）的过程。因此，生产实际上是一种加工转化过程，组织投入必要的生产要素，生产出满足人们不同需要的产品或服务。

1. 输入

输入的生产要素主要有人、财、物、信息等。其中，人是指生产人员，包括直接生产人员（工人、技术人员）和间接生产人员（生产管理人员、后勤服务人员）；财是指生产的资本，包括机器设备、厂房、工艺装备等；物是指生产的对象，包括原材料、燃料、零部件等；信息包括生产计划（加工数量、进度等）、产品图样、订单、生产统计资料报表等。

2.加工转化

加工转化是指产品的生产制造过程，即通过合理组织，使原材料等生产要素转化为产成品的过程，包括各道工序、工艺等。

3.输出

输入的生产要素经过加工转化，提供满足社会和用户需要的产成品和劳务，即为输出，在这个过程中，企业希望有较大的增值部分。例如，自行车生产企业，合金材料等生产要素在加工中心，经过各道工艺，最终输出满足社会需求的各种规格和型号的自行车。

4.反馈

反馈是指将生产过程中各环节的信息（如产品产量、质量、进度、消耗、成本等）返回到输入的一端或生产过程中，与输入的信息（如计划、标准等）进行比较，发现差异，查明原因，采取措施，及时解决，以保证生产过程的正常运行和生产计划的完成。

（二）生产管理的理解

生产管理是管理职能在生产领域的运用，而管理包括计划、组织、领导、控制四大职能。因此，生产管理就是对企业生产系统的设计、运行与维护等环节的管理，包括对生产活动的计划、组织、领导和控制。生产管理有广义和狭义之分。

广义的生产管理，是指对企业生产活动的全过程进行综合性的、系统的管理，即以企业生产系统作为对象的管理。其内容非常广泛，包括生产过程的组织、劳动组织与劳动定额管理、生产技术准备工作、生产计划和生产作业计划的编制、生产控制、物资管理、设备和工具管理、能源管理、质量管理、安全生产、环境保护等。

狭义的生产管理，是指以产品的生产过程为对象的管理，即对企业的生产技术准备、原材料投入、工艺加工直至产品完工的具体活动过程的管理。主要包括生产过程组织、生产技术准备、生产计划和生产作业计划的编制、生产作业控制等。

企业管理是一个完整的大系统,由许多子系统共同组成,生产管理仅是这个大系统中的一个子系统。

企业通过内外部环境分析来确定企业的经营目标,从而做好经营决策。生产管理要根据经营决策所确定的经营方针、计划、策略等来组织生产活动,以保证经营决策的贯彻落实。对企业管理系统进行分层观察,经营决策属于上层,即领导层(决策层),属于决策性系统;生产管理属于中层,即管理层,属于执行性系统。

世界上很多国家经济的振兴,主要靠的是制造业的高效率、低成本与高质量。随着科学技术的发展和市场经济体制的不断完善,生产管理成为构成企业竞争力的关键内容。制造业企业面对竞争与挑战,要非常重视生产与运作的管理,把注意力放在生产管理上,通过生产管理来充分调动员工的工作效率,从而提高总体的生产效率,使企业管理系统能够更好地运行。生产管理是企业健康发展的重要环节,对企业管理具有不可替代的作用。主要体现在以下三个方面:

1. 生产管理是实现企业经营目标的保证

市场竞争非常激烈,市场需求多变,因此,明确生产什么样的产品、生产多少产品来满足市场需要就成为企业经营的一项重要目标,而这个目标需要生产管理来实现。因此,生产管理是企业经营管理的物质基础,是实现经营目标的保证。

2. 生产管理有利于企业经营管理者做好经营决策

在市场竞争日趋激烈的情况下,只有企业生产管理比较健全、有力,生产、工作秩序正常,企业的经营管理者才能没有后顾之忧,才能从日常大量的烦琐事务中摆脱出来,集中精力做好经营决策。所以,强化生产管理十分必要。

3. 环境变化和技术进步对生产管理提出了更高的要求

面对环境污染、原材料涨价、消费者个性化需求、信息技术带动的企业经营方式变革等新的形势,企业生产管理能否在全球范围内优化资源,能否高效、灵活、准时、清洁地生产个性化的产品，能否为顾客提供满意的服务，成为企业能否赢得市场的关键。

（三）生产管理的内容

从生产管理职能的角度来分类，生产管理的内容可归纳为生产技术准备和组织、生产计划和生产控制三个方面：

1.生产技术准备和组织

生产技术准备和组织是企业正常生产活动的基本条件，是实现生产计划的保证，也是决定企业经济效益的关键。

（1）生产技术准备

生产技术准备是指企业设计和开发新产品、改造老产品、采用新技术及改变生产组织时所进行的一系列生产技术上的准备工作。主要包括产品和技术的调查、研究和试验，产品的设计、试制和鉴定，工艺技术及设备方面的准备，如编制工艺文件、进行工艺方案的选优、设备选择的评价、设计和补充工艺装备等。

（2）生产组织

生产组织的主要任务是在时间和空间上将各生产要素合理有效地组织起来，寻求以最小的投入获得最大的产出。主要包括生产过程的组织和劳动过程的组织，其中，生产过程的组织主要解决产品生产过程各阶段、各环节、各工序在时间和空间上的配合衔接，以最经济的方式满足生产经营的要求；劳动过程的组织主要解决劳动者之间，以及劳动者与劳动工具、劳动对象之间的协调，调动各方面的积极性、主动性和创造性。

2.生产计划

管理的首要职能就是计划。生产计划的编制和执行直接决定了企业能否充分利用生产能力和各种资源，实现生产管理的任务。生产计划主要包括主生产计划、物料需求计划、能力需求计划和生产作业计划。

（1）主生产计划

主生产计划主要规定企业在一定时期（一般为一年）内各个生产阶段需生产的产品品种、产量、质量、产值等计划，以及保证实现生产计划的技术组织措施计划。

（2）物料需求计划

物料需求计划是指在产品生产前针对构成产品的各种物料的需求量与需求时间所做的计划。其基本思想是围绕物料转化组织制造资源，实现按需、准时生产。在企业的生产计划管理体系中，它一般被排在主生产计划之后，属于实际作业层面上的计划。

（3）能力需求计划

能力需求计划是确定为完成生产任务具体需要多少劳动力和设备资源，是企业分析物料需求计划后产生的切实可行的能力执行计划。

（4）生产作业计划

生产作业计划是生产计划的具体执行计划，是根据企业的生产计划与市场形势的变化，按较短的时间（月、旬、周、日等）为企业的各个生产环节（车间、工段、班组、工作地）规定具体的生产任务及实现的方法，并保证生产过程中各阶段、各环节、各工序之间在时间上和数量上的协调、衔接。

3.生产控制

生产控制是指围绕着完成生产计划任务所进行的各种检查、监督、调整等工作。具体来说，生产控制包括投产前的控制（生产计划的制订、产品工艺设计、材料等生产物料的准备等）、生产过程控制（生产调度工作、在制品管理等）、产品质量控制、库存和资金占用的控制、物料消耗及生产费用的控制等。实行生产控制，重点是要建立和健全各种控制标准，加强信息收集和信息反馈，以做到将各种可能的失控消灭在萌芽状态，实现预防性控制。

（四）生产管理的原则与任务

1. 生产管理的原则

现代工业企业的生产，从生产管理的角度看，具有两个基本特点：一是从事的是商品生产，二是从事的是现代化大机器工业的生产。为此，搞好生产管理必须遵循以下指导原则：

（1）讲求经济效益

讲求经济效益，即用最少的劳动消耗和资金占用，生产出尽可能多的适销对路的产品。在生产管理中贯彻讲求经济效益的原则，具体体现在实现生产管理的目标上，做到数量多、质量好、交货及时、成本低等，研究它们彼此间的联系和影响，在满足各自不同要求的前提下，达到综合经济效益的最优化，而不能只追求某一方面的高水平。然而追求综合经济效益的最优化不能否定企业在不同时期内，根据市场要求、产品特点、企业生产技术条件，制定适当的生产决策和管理重点。突出重点、兼顾一般也是提高经济效益、加强生产管理的有效方法。

（2）坚持以销定产

坚持以销定产，即要根据销售的要求来安排生产。在市场经济的今天，坚持这条原则尤为重要，否则企业就有被淘汰的危险。因此，应加强对生产管理人员的教育，树立正确的经营观念，面向市场，克服埋头生产的单纯生产观点。

（3）实行科学管理

实行科学管理，即要在生产过程中运用符合现代化大工业生产要求的一套管理制度和方法。现代化大工业生产主要依靠在生产中系统地应用科学技术知识，因此必须实行科学管理，具体包括以下工作：第一，建立统一的生产指挥系统，进行组织、计划、控制，保证生产过程的正常进行；第二，做好基础工作，即建立和贯彻各项规章制度、建立和实行各种标准、加强信息管理等，这是做好科学管理的前提条件；第三，加强员工培训，促使员工不断增加科学技术知识和科学管理知识，督促员工养成适应大生产和科学管理要求的工作作风。

（4）组织均衡生产

均衡生产是指在相等时间内，出产的产品或完成的某些工作，在数量上基本相等或稳定递增，即有节奏、按比例地生产。组织均衡生产是科学管理的要求，因为均衡生产有利于保证设备和人力的均衡负荷，提高设备利用率和工时利用率；有利于建立正常的生产秩序和管理秩序，保证产品产量和安全生产；有利于节约物资消耗，减少在制品占用，加速资金周转，降低产品成本；有利于控制产品质量。总之，组织均衡生产能够取得更好的经济效益。

总体来说，生产管理的原则就是经济性、适应性、科学性和均衡性，其中经济性是最根本的，其他三项是为经济性服务的。

2.生产管理的任务

产品的质量、成本和交货期是衡量生产管理成败的三要素，满足这三方面的要求是生产管理最主要的任务。这三项任务是相互联系、相互制约的。例如，提高产品质量可能引起成本增加，增加数量可能降低成本，为了保证交货期而过分赶工，可能引起成本的增加和质量的降低。为了取得良好的经济效益，需要在生产管理中加以合理的组织、协调和控制。

因此，生产管理的任务首先是按照规定的产品品种质量完成生产任务，其次是按照规定的产品计划成本完成生产任务，最后是按照规定的产品交货期限完成生产任务。

二、企业经营管理理论概述

（一）企业经营管理的要素

1.企业决策

（1）企业经营决策的含义

企业经营决策是指在掌握充分的市场信息基础上，根据企业的经营战略所规定的目标，来确定企业的经营方向、经营目标、经营方针及经营方案，并付诸实施的过程。

（2）经营管理决策的构成要素

从系统的观点看，经营管理决策是由决策主体、决策客体、决策理论与方法、决策信息和决策结果等要素构成的一个有机整体。

决策主体是指参与决策的领导者、参谋者及决策的执行者。决策主体可以是个人，也可以是集团——决策机构。决策主体是决策系统的灵魂和核心，决策能否成功，取决于决策主体的素质。

决策客体是指决策对象和决策环境。决策对象是指决策主体能影响和控制的客体事物，如一个企业，某项业务的经营目标、经营规划或某项产品的研究、开发等。决策环境则是指制约决策对象按照一定规律发展变化的条件。决策对象与决策环境的特点、性质决定着决策活动的内容及其复杂程度。

决策离不开决策的理论与方法。决策理论与方法的功能在于将现代科学技术成果运用于决策过程，从整体上提高经营管理决策的科学性，减少决策结果的偏差，避免失误。比如，遵循科学的决策程序，采用适宜的决策方法，把定性和定量分析相结合等。

信息是经营管理决策的前提和基础。要保证经营管理决策的正确性，拥有大量、丰富的市场信息是必不可少的条件。决策主体只有掌握充分准确的市场信息，才有可能作出正确的决策。

决策的目的是得到正确的决策结果。没有决策结果的决策不算是决策。任何决策都要得到决策结果，决策结果是决策的构成要素。

（3）经营决策的类型

现代企业经营管理活动的复杂性、多样性，决定了经营管理决策有多种不同的类型。

按决策的影响范围和重要程度不同，分为战略决策和战术决策。

第一，战略决策是指对企业发展方向和发展远景作出的决策，是关系到企业发展的全局性、长远性、方向性的重大决策。例如，对企业的经营方向、经营方针、新产品开发等的决策。战略决策由企业最高层领导提出。它具有影响时间长、涉及范围广、作用程度深刻的特点，是战术决策的依据和中心目标。它的正确与否，直接决定着企业的兴衰成败，决定着企业的发展前景。

第二，战术决策是指企业为保证战略决策的实现而对局部的经营管理业务工作作出的决策。例如，企业原材料和机器设备的采购，生产、销售的计划，商品的进货来源，人员的调配等属此类决策。战术决策一般由企业中层管理人员提出。战术决策要为战略决策服务。

按决策的主体不同，分为个人决策和集体决策。

第一，个人决策是由企业领导者凭借个人的智慧、经验及所掌握的信息进行的决策。决策速度快、效率高是个人决策的特点，适用于常规事务及紧迫性问题的决策。个人决策的最大缺点是带有主观性和片面性，不宜用于全局性重大问题。

第二，集体决策是指由会议机构和上下相结合的决策。会议机构决策是通过董事会、经理大会、职工代表大会等权力机构集体成员共同作出的决策。集体是决策是领导机构与下属相关机构结合、领导与群众相结合形成的决策。集体决策的优点是能充分发挥集团智慧，集思广益，决策慎重，从而保证决策的正确性、有效性；缺点是决策过程较复杂，耗费时间较多。它适宜于对长远规划、全局性问题的决策。

按决策是否重复，分为程序化决策和非程序化决策。

第一，程序化决策是指决策的问题是经常出现的问题，已经有了处理的经验、程序、规则，可以按常规办法来解决。因此程序化决策也称为"常规决策"。例如，企业生产的产品质量不合格如何处理，商店销售过期的食品如何解决，就属于程序化决策。

第二，非程序化决策是指对一些不常出现，没有固定的模式、经验去解决的问题作出的决策，这类决策需要靠决策者作出新的判断。非程序化决策也叫非常规决策，如企业开拓新的销售市场、调整商品流通渠道、选择新的促销方式等属非常规决策。

按决策问题所处条件不同，分为确定型决策、风险型决策和非确定型决策。

第一，确定型决策是指决策过程中提出各备选方案，在确知的客观条件下，每个方案只有一种结果，比较其结果优劣作出最优选择的决策。确定型决策是一种肯定状态下的决策。决策者对被决策问题的条件、性质、后果都有充分了解，各个备选的方案只能有一种结果。这类决策的关键在于选择肯定状态下的最佳方案。

第二，在决策过程中提出多个备选方案，每个方案有多少种结果是可以确定，其发生的概率也可以测算，在这样的条件下作出的决策就是风险性决策。例如，某企业为了增加利润，提出两个备选方案：一个方案是扩大老产品的销售；另一个方案是开发新产品。不论哪一种方案都会遇到市场需求高、市场需求一般和市场需求低迷等不同可能性，它们发生的概率都可测算。若遇到市场需求低，企业就要亏损。因而在上述条件下的决策，带有一定的风险性，故称为"风险型决策"。风险型决策之所以存在，是因为影响预测目标的各种市场因素是复杂多变的，每个方案的执行结果都带有很大的不确定性。决策中，不论选择哪一种方案，都存在一定的风险。

第三，在决策过程中提出多个备选方案，每个方案有多少种不同的结果是可以确定的，但每一结果发生的概率无法测算，在这样的条件下作出的决策，就是未确定型决策。它与风险型决策的区别在于：风险型决策中，每一方案产生的几种可能结果及其发生概率都知道；未确定型决策只知道每一方案产生的几种可能结果，但每种结果发生的概率并不知道。这类决策是由于人们对客观状态出现的随机性规律认识不足，因而增大了决策的不确定性。

2.企业物流管理

企业物流可理解为围绕企业经营的物流活动，是具体的、微观的物流活动。典型领域企业系统活动的基本结构是投入→转换→产出，对生产类型的企业来讲，是原材料、燃料、人力、资本等的投入，经过制造或加工使之转换为产品或服务；对服务型企业来讲则是设备、人力、管理和运营，转换为对用户的服务。物流活动便是伴随着企业的投入→转换→产出而发生的。相对于投入的是企业外供应或企业外输入物流，相对于转换的是企业内生产物流或企业内转换物流，相对于产出的是企业外销售物流或企业外服务物流。由此可见，在企业经营活动中，物流已渗透到各项经营活动之中。

3.企业质量管理

（1）质量的含义

质量是用户对一个产品（包括相关的服务）满意程度的度量，即用户满意的程度。需要注意的是，"质量"一词并不具有绝对意义上的"最好"的一般含义，而是指"最适合于一定顾客的要求"，包括产品的实际用途和产品的价格两个方面。

人们使用某产品，总会对该产品质量提出一定的要求，而这些要求往往受到使用时间、使用地点、使用对象、社会环境和市场竞争等因素的影响，这些因素的变化，会使人们对同一产品提出不同的质量要求。质量不是一个固定不变的概念，它是动态的、变化的、发展的；它随着时间、地点、使用对象的不同而不同，随着社会的发展、技术的进步而不断更新和丰富。用户对产品使用要求的满足程度，反映在对产品的性能、经济特性、服务特性、环境特性和心理特性等方面。质量是一个综合的概念。它并不要求技术特性越高越好，而是追求诸如性能、成本、数量、交货期、服务等因素的最佳组合，即所谓"最适当"。

（2）质量的基本性质

第一，质量的社会性。

企业产品质量的好坏在直接影响使用者的同时，会由使用者将产品使用的满意程度传播给其他人，进而影响社会对企业产品甚至企业的整体评价，特别是当产品的使用关系到生产安全、环境污染、生态平衡等问题时更是如此。质量作为一种文化和理念正渗透到社会生活的各个方面。

第二，质量的经济性。

产品的质量涉及生产及服务的各个环节，因此质量需要从制造成本、价格、使用价值和消耗等几方面进行综合评价。企业在确定质量的水平或目标时，不能脱离社会条件和需要，单纯地追求技术上的先进性，还应考虑使用上的经济合理性，使质量和价格达到合理的平衡。

第三，质量的系统性。

一个产品或服务的成型需要多个环节不同人员的全面合作，是一个受到设计、制造、使用等多方面因素影响的复杂系统。例如，汽车是一个复杂的机械系统，同时还是涉及道路、司机、乘客、货物、交通制度等方面的使用系统。产品的质量应该达到多维评价的要求。

4.企业营销管理

（1）企业营销管理的定义

现代企业管理是一项复杂的系统工程，随着企业所处的宏观环境的日益复杂多变和竞争的日益激烈，企业管理也在不断调整和加强。企业管理本身就是在与环境互动的过程中不断发展的。

营销从本质上说，就是企业在复杂的社会政治经济环境中，通过分析，明确和把握市场机会，提供有竞争力的产品和服务，满足目标客户的需求，进而实现企业的价值。在企业管理的众多环节中，营销管理的作用日益加强，根本原因在于企业的本质，也就是为社会和目标市场提供能够满足其需求的产品与服务。而营销管理的中心任务就是实现这一根本使命，即围绕企业的产品和服务，进行有效的产品规划和市场定位，通过市场细分明确目标市场，并采用广告、宣传、市场活动等一系列市场手段，将产品和服务的信息有效地传递给目标客户。传统的营销管理包括"4P"，即产品（Product）、价格（Price）、渠道（Place）和促销（Promotion），但营销管理的理念处于不断发展的过程中，如服务在营销体系中的地位和作用越来越重要、网络化营销日益盛行等。

（2）企业营销管理的过程和主要环节

企业营销管理是一项复杂的系统工程，随着产品和服务的日益复杂和市场需求的日益多样化，随之产生的营销管理也日益复杂。不同的行业和企业在营销管理上由于产品和行业的特殊性而具备较大差异。但整体而言，企业在营销管理上具有较大的共通性，大致可分为如下几个环节：

第一，市场调研。

市场调研是企业进行营销管理的第一步。任何产品和服务的概念，都来自市场，来自需求。只有对用户和市场的需求有全面和准确的把握，才能够提出合理的产品概念。这也体现了营销工作的本质功能，就是研究如何更好地满足用户的需求。市场调研作为一项基本的市场工作，其作用和功能也经历了一个不断被挖掘和加强的过程。在早期的粗放式营销理念阶段，许多企业对市场的把握和理解局限于感性的阶段，很多产品概念和创意的提出，完全是基于对市场粗浅的理解和定性的分析，缺乏定量、广泛和科学的研究。随着市场竞争的日益激烈和市场情况的日益复杂，越来越多的企业提高了对市场调研工作的重视程度，将其纳入整体的市场营销战略当中，加强了对市场调研工作的支持和管理。

第二，产品规划和管理。

产品（这里的产品包括有形、无形的产品，也包括某种服务）是传统营销概念"4P"的第一个"P"，也是营销工作的起点。

产品作为企业价值和使命实现的基本载体，其在营销体系中的地位和作用是根本性的，也是企业市场竞争力的根本体现，能否推出满足市场和客户需求的产品，关系到企业的生存和发展，决定着企业的命运。随着市场竞争的不断加强，企业对产品规划和管理的重视程度越来越高。从长远来看，产品是企业首要的、核心的竞争要素。

要开发出能够满足市场需要的产品，企业必须对市场需求进行全面准确的调查和了解，也就是说，市场调查是产品规划的第一项工作。在了解市场需求之后，企业要做的是对自身的资源和实力进行评估，确定市场需求与企业资源的最佳结合点，并据此提出产品的概念和可行性方案，提出项目计划书，再由企业相关部门进行全面的论证和分析。产品开发的管理是一项涵盖面很广的系统性工作，涉及技术部门、开发部门、产品部门、市场部门、服务部门等多个职能部门。产品开发管理的过程要求具有很好的协调性，在这个过程中沟通尤为重要。

第三，市场推广。

在企业的营销管理中，市场推广是最关键和最显性的环节。企业在完成市场调研和产品规划等前期工作后，完成了产品的设计与生产，接下来最关键的工作就是将产品通过合理有效的市场推广手段提供给目标客户。也就是说，市场推广是连接企业产品与客户的纽带，只有产品最终顺利到达目标客户手中，企业的价值才能最终实现。

企业的市场推广经历了产品概念→市场概念→服务概念的转变。早期的营销理念主要侧重于产品本身，注重产品本身的品质和质量，认为只要产品好，质量高，自然就有需求。这一概念在短缺经济时期，在供不应求的市场阶段是可行的和有效的，其促进了企业对产品和服务质量的改进和提高。随着市场竞争环境的日益复杂，产品出现同质化趋势，企业开始意识到产品只是营销的起点，真正的决定力量来自对市场的把握和控制，也就是市场推广的能力，这一理念已经被大多数现代企业所接受。随着营销概念的不断发展，企业的注意力日益前移，从单纯的市场运作转到更加注重客户和服务的营销理念。作为最终消费者，顾客的需求及其对产品和服务的意见，成为企业关注的核心。研究如何提高服务的水平和质量，成为许多行业和企业参与市场竞争的中心工作。但从本质上而言，服务营销理念虽然将营销重点前移，更加贴近消费者，但本质上仍属于整合营销的理念。

5.企业人力资源管理

人力资源管理是对人力资源进行有效开发、合理配置、充分利用和科学管理的制度、程序、法令与方法的总和。

人力资源管理可分为宏观和微观两个层次。宏观人力资源管理是指对一个国家或地区的人力资源进行管理，主要侧重于从整体上对人力资源的形成、开发和利用的管理。微观上则是围绕着组织的发展战略和目标，对组织的人力资源进行目标规划和管理，承担对人力资源的招、用、留和激励等各个环节的管理任务，保证组织及时得到需要的人力资源，努力对人力资源进行最佳的配置和最好的激励，并做好组织未来发展所需人才的储备和开发。

人力资源管理是企业的基本管理职能之一,其目标就是把企业所需的人才吸引进来,将其安置在适宜的岗位上,调动其工作积极性,开发其潜能,以充分发挥其作用,为实现企业利润最大化服务。

(二)企业经营管理的原理

1.人本原理

(1)人本原理的含义

人本原理,就是在管理活动中以人为本,一切管理要以做好人的工作,调动人的积极性、主动性和创造性为根本。它要求人们在管理活动中坚持一切以人为核心,以人的权利为根本,强调人的主观能动性,力求实现人的全面、自由发展。其实质就是充分肯定人在管理活动中的主体地位和作用。

(2)人本原理的观点

第一,员工是企业的主体。现代管理把员工看成主体,认为员工本身就是一切管理活动的最终目的,谋求企业和个人发展的统一。这种管理理念在实践中表现为,企业越来越重视员工的个人发展。例如,当代许多企业广泛地采用在职或者脱产培训、工作扩大化和丰富化、轮岗制、帮助员工进行职业生涯的规划等方式来提升员工的素质,实现员工和组织的全面发展。就培训来说,不仅可以增强员工的技术技能,还可以提高员工的人际交往技能,以及理论技能。工作扩大化、丰富化和轮岗制,不仅可以增加工作内容的广度和深度,降低员工对专业化分工带来的工作厌恶感,还可以锻炼员工的各项能力,使其熟悉企业的不同部门和产品的特点,有利于员工能力的进一步提升。企业帮助员工进行职业生涯规划,不仅可以使员工对职业发展和提升有明确的方向,还可以为企业自身的发展提前储备相应的人力资源,真正实现员工和组织的共同发展,做到组织和员工的"双赢"。

第二,有效管理的关键是员工参与。实现有效管理有两条完全不同的途径:一是高度集权、从严治厂,依靠严格的管理和铁的纪律,重奖重罚,使得企业目标统一、行动一致,从而实现较高的工作效率;二是适度分权、民主治理,依靠科学管理和职工参与，使个人利益与企业利益紧密结合，使企业全体员工为了共同的目标而自觉地努力奋斗，从而实现较高的工作效率。

第三，现代管理的核心是使人性得到最完美的发展。事实上，任何管理者都会在管理过程中影响下属的人性发展。同时，管理者行为本身又是管理者人性的反映。只有管理者的人性达到比较完美的境界，才能使企业员工的人性得到完美的发展。

第四，管理是为人服务的。管理是以人为中心的，是为人服务的，是为实现人的发展，这个"人"不仅包括企业内部、参与企业生产经营活动的人（虽然在大多数情况下，这类人是管理学研究的主要对象），还包括存在于企业外部的、企业通过提供产品为之服务的用户。

2. 系统原理

（1）系统的含义

系统是指由若干相互联系、相互作用的部分组成，在一定环境中具有特定功能的有机整体。就其本质来说，系统是"过程的复合体"。

（2）系统原理的主要内容

第一，管理的整分合原则。整分合原则的主要意思是对于管理事务和问题要整体把握、科学分解、组织综合。所谓"整"，是指管理工作的整体性和系统性；所谓"分"，是指各要素的合理分工；所谓"合"，是指各要素分工以后的协作与综合。

第二，管理的层次性原则。依据系统的层次性和有序性特点，可知道组织及其管理活动构成的复杂系统，不同层次的管理者有着不同的职权、职责和任务。例如，可以以将高层管理者称为决策层，中层管理者称为执行层，基层管理者称为作业层，这种划分在一定程度上体现了不同层次的管理者管理活动内容的不同。

第三，管理要有开发的观点。系统与环境的相互适应性要求，在进行管理时，要注意研究和分析环境的变化，及时调整内部的活动和内容，以适应环境特点及其变化的要求；还要努力通过自己的活动去改造和开发环境，引导环境向有利于组织的方向发展变化。

3.责任原理

（1）责任原理含义

责任原理是指管理工作必须在合理分工的基础上，明确规定各级部门和个人必须完成的工作任务和承担的相应责任。职责明确，才能对组织中的部门和每一位员工的工作绩效作出正确的考评，有利于调动人员的积极性，保障组织目标的实现。

（2）责任原理的主要观点

明确每个人的职责。挖掘人的潜能的最好办法是明确每个人的职责。分工，是生产力发展的必然要求。在合理分工的基础上确定每个人的职位，明确规定各职位应负担的任务，这就是职责。一般来讲，分工明确，职责就会明确，但实际上两者的对应关系并不那么简单。因为分工一般只是对工作范围做形式上的划分，至于工作的数量、质量、完成时间、效益等要求，分工本身并不能完全体现出来。必须在分工的基础上，通过适当的方式对每个人的职责作出明确规定。

职位设计和权限委授应合理。第一，权限。明确了职责，就要授予相应的权力。如果没有一定的人权、物权、财权，任何人都不可能对任何工作实行真正的管理。如果任何事情都得请示上级，由上级决策、上级批准，当上级过多地对下级分内的工作发指示、作批示的时候，实际上等于宣告此事下级不必完全负责。第二，利益。权限的合理委授，是完全负责的必要条件之一。完全负责就意味着责任者要承担全部风险。而任何管理者在承担风险时，都自觉或不自觉地要对风险与收益进行权衡，然后才决定是否值得承担这种风险。第三，能力。这是完全负责的关键因素。管理是一门科学，也是一门艺术。管理既要有生产、技术、经济、社会、管理、心理等各方面的科学知识，又需要有处理人际关系的组织才能，还要有一定的实践经验。科学知识、组织才能和实践经验这三者构成了管理能力。

奖惩要分明、公正和及时。贯彻责任原理，还要求对每个责任人的工作表现给予及时公正的奖罚。首先，要明确工作绩效的考核标准。对每个人进行公正的奖惩，要求以准确的考核为前提。若考核不细致或不准确，奖惩就难以做到恰如其分。其次，奖惩要公平、及时。奖励有物质奖励和精神奖励。奖励要及时，过期的奖励作用不大。惩罚要适度，惩罚不要影响人的工作热情，惩罚的目的是通过惩罚少数人来教育多数人。

（三）企业经营管理的职能

1. 计划职能

（1）计划的含义

计划是预测未来、设立目标、决定政策、选择方案的连续过程。目的在于经济地使用现有资源，有效地把握未来发展，获得最大的组织成效。也可以认为，计划是对未来行动方案的规划。它是人们主观对客观的认知过程，是计划工作的结果。

一般来说，计划工作有广义和狭义之分。广义的计划工作包括制订计划、执行计划和检查计划的执行情况三个阶段的工作。狭义的计划工作则是指制订计划。这里主要讲狭义的计划。

（2）计划的特点

首位性。在组织的管理中，计划是执行其他管理职能的基础。计划在前，行动在后。企业的管理过程首先是明确管理目标、筹划实现目标的方式和途径，而这些恰恰是计划工作的任务。计划位于所有管理职能之首。

普遍性。在组织中，计划工作涉及组织中的每一位管理者及员工，一个组织的总目标确定之后，各级管理人员为了实现组织目标，使本层次的组织工作得以顺利进行，都需要制订相应的分目标及分计划（上到总经理，下到第一线的基层管理人员，都要制订计划。这是主管人员的权利，也是一项责任，不然就不是真正的、合格的主管人员）。这些具有不同广度和深度的计划有机地结合在一起，便形成了多层次的计划系统。同时，所有组织成员的活动都受计划的约束。计划具有普遍性。

目的性。计划的目的性是非常明显的。任何组织制订的各种计划,都是为了促使组织的总目标和一定时期的目标得到实现。在计划工作的最初阶段,制订具体的明确的目标是组织的首要任务,其后的所有工作都是围绕目标进行的。

实践性。计划的实践性主要是指计划的可操作性,指计划最终能够得到实施。符合实际、易于操作、目标适宜,是衡量一个计划好坏的重要标准。计划是未来行动的蓝图,计划一经以指令的形式下达,就会变成具体的行动指南。不切实际的计划在实践中是很难操作的,漏洞百出的计划将会给组织造成重大损失。为了使组织计划具有可操作性并获得理想的效果,在制定计划之前必须进行充分的调查研究,准确把握环境和组织自身的状况,努力做到目标合理,时机把握准确,实施方法和措施具体、明确、有效。另外,为了适应环境的变化,克服不确定因素的干扰,应适当增加计划的弹性。

明确性。计划包括实施的指令、规则、程序和方法等。计划直接指引行动。它不仅需要明确的定性解释,还应具有定量的标准和时间界限。具体地讲,计划应明确表达出组织的目标与任务,明确表达出实现计划所需要的资源(人力、物力、财力及信息等),以及所采取行动的程序、方法和手段,明确表达出各级管理人员在执行计划过程中的权利和职责。

效率性。计划的好坏在于效率性的评价。一个好的计划必须能实现组织的高效率。计划的效率主要指时效性和经济性两个方面。任何计划都有计划期的限制,也有实施计划时机的选择。计划的时效性表现在两个方面:一是计划工作必须在计划期开始之前完成;二是任何计划必须慎重选择计划期的开始和截止时间。经济性是指组织计划应该以最小的资源投入获得尽可能多的产出。

(3)计划的作用

计划是管理者指挥的依据。管理者在计划工作完成之后,还要根据计划进行指挥,他们要向下级分派任务,并依据任务确定下级的权利与责任,要促使组织中全体人员的活动方向趋向一致,从而形成一种复合的、巨大的组织化行为,以保证达到计划所设定的目标。

计划是降低风险、掌握主动的手段。未来的情况是千变万化的,社会在变革,技术在革命,人们的价值观念也在不断地变化。计划是预期这些变化并且设法消除变化对组织造成不良影响的一种有效手段。计划是面向未来的,而未来在空间和时间上都具有不确定性。

计划是减少浪费、提高效益的方法。一项好的计划通过共同的目标、明确的方向来代替不协调、分散的活动,用均匀的工作流程代替不均匀的工作流程,用深思熟虑的决策代替仓促草率的判断,从而使组织的各项有限资源被充分利用,产生巨大的协同效应,极大地提高组织的运行效益,避免浪费。

计划是管理者进行控制的标准。计划就要建立目标,并以各种指标进行明确的表达。这些目标和指标将用来进行工作过程的控制。管理人员如果没有既定的目标和具体的指标作为衡量的尺度,就无法检查下属任务的完成情况。如果没有计划作为标准,就无法开展控制工作,也不能及时地根据生产过程中出现的各种变化来随时调整计划,以适应已变化的实际,也就无法实现组织与环境的动态平衡。

2.组织职能

(1) 组织的含义

组织是指管理者所开展的组织行为、组织活动过程。它的主要内容就是进行组织结构的设计与再设计。当管理人员在设立或变革一个组织的结构时,就是进行组织设计。一般称设立组织结构为"组织设计",变革组织结构为"组织再设计"或"组织变革"。

(2) 组织设计的原则

权力和知识匹配原则。传统管理理论强调职位与权力相匹配,但由于知识、技术的突飞猛进,以职位为基础的权力越来越难以在组织中形成对下属的持久影响力,而以"专家"构成的参谋部门越来越重要,应赋予专家、参谋部门以相应的职权,以使他们有效地发挥作用,为组织服务。同时,知识的分散化使知识由以前集中于管理人员而回归于员工,对管理提出了分权要求。组织设计应考虑知识与权力匹配的问题。

集权与分权相结合原则。组织应根据实际需要来决定集权与分权的程度。

组织设计既要体现统一指挥，又要体现分权。分权的好处是能使各级管理人员具备必要的能力，有利于及时解决问题，调动积极性。既要集中，又要分散，要考虑两者的最佳结合。

弹性结构原则。为了适应环境变化，提高组织的竞争能力，一个组织的结构应具有弹性。也就是说，一个组织的组织结构应具有可变性，要能根据组织内外部条件变化及时作出必要的调整。

信息畅通原则。现代组织离开信息就无法进行管理，因此要科学设计信息传递系统，使信息能够双向沟通，使信息的反馈准确、灵敏和有力。

3. 领导职能

（1）领导的含义

领导是管理工作的一个重要职能，是运用权力引导和影响个人或组织，在一定条件下实现某种目标的行为过程。

（2）领导者的作用

指挥作用。在组织的集体活动中，领导者能够帮助组织成员认清所处的环境和形势，指明活动的目标和达到目标的途径。领导就是引导、指挥、指导和先导，领导者除了应该帮助组织成员，还应站在组织群体的前列，促使组织成员前进并鼓舞组织成员去实现目标。

激励作用。组织是由具有不同需求、欲望和态度的个人所组成的，因而组织成员的个人目标与组织目标不可能完全一致。领导的作用就是把组织目标与个人目标结合起来，引导组织成员以满腔热情为实现组织目标作出贡献。

协调作用。在组织实现其既定目标的过程中，人与人之间、部门与部门之间发生各种矛盾冲突及在行动上出现偏离目标的情况是不可避免的。领导者的任务之一就是协调各方面的关系和活动，保证各个方面都朝着既定的目标前进。

沟通作用。领导者是组织的各级首脑和联络者，在信息传递方面发挥着重要作用，是信息的传播者、监听者，是发言人和谈判者，在管理的各层次中起到上情下达、下情上传的作用，以保证管理决策和管理活动顺利地进行。

4.控制职能

（1）控制的概念

从管理的角度上说，控制就是按既定的计划、标准和方法对工作进行对照检查，发现偏差，分析原因，进行纠正，以确保组织目标实现的过程。

（2）控制的基本类型

管理控制按照分类标准的不同，可以有多种分类法。其中最常见的是前馈控制、现场控制和反馈控制。

（3）控制的基本过程

第一步，确定控制标准。控制标准是控制过程对实际工作进行检查的尺度，是实施控制的必要条件。确定控制标准是控制过程的首要环节。标准是一种作为模式和规范建立起来的测量单位或具体尺度。对照标准，管理者可以判断绩效和成果。标准是控制的基础，离开标准而对一个人的工作或一项劳动成果进行评估毫无意义。

第二步，衡量工作绩效。衡量工作绩效是指控制过程中将实际工作情况与预先确定的控制标准进行比较，找出实际业绩与控制标准之间的差异，以便于找出组织目标和计划在实施中的问题，对实际工作作出正确的评估。

第三步，纠正偏差。通过调节、干预来纠正偏差是管理控制的实质和关键。在深入分析产生差异原因的基础上，管理者要根据不同的原因采取不同的措施。调节、干预在大多数情况下是为了纠正不符合计划和标准的行为，但有时计划或标准脱离了实际，调节、干预就变成了修正计划和标准。偏差较大，有可能是原有计划安排不当导致的，也有可能是内外部环境的变化，使原有计划和现实状况之间产生了较大的偏差。无论是哪一种情况，都要对原有计划进行调整。需要注意的是，调整计划不是任意地变动计划，这种调整不能偏离组织的发展目标，调整计划归根到底还是为了实现组织目标。

（四）企业经营管理的方法

1.管理的法律方法

（1）法律方法的内容与实质

法律方法的内容，不仅包括建立和健全各种法规，还包括相应的司法工作和仲裁工作。这两个环节是相辅相成、缺一不可的。只有法规而缺乏司法和仲裁，就会使法规流于形式，无法发挥效力；法规不健全，司法和仲裁工作则无所依从，造成混乱。

法律方法的实质是实现全体人民的意志，并维护他们的根本利益，代表他们对社会经济、政治、文化活动实行强制性的、统一的管理。法律方法既要反映广大人民的利益，又要反映事物的客观规律，调动各个企业、单位和群众的积极性、创造性。

（2）法律方法的特点

严肃性。法律和法规的制定必须严格按照程序和规定进行。一旦制定和颁布，就具有相对稳定性。法律和法规不可因人而异，滥加修改，必须保持它的严肃性。司法工作更是严肃的行为，它必须通过严格的执行活动来维护法律的尊严。

规范性。法律和法规是所有组织和个人行动的统一准则，对其具有同等的约束力。法律和法规都是用极严格的语言，准确阐明一定的含义，并且只允许作出一种意义的解释。法律与法规之间不允许相互冲突，法规应服从法律，法律应服从宪法。

强制性。法律和法规一经制定就要强制执行，各个企业、单位以至每个公民都必须毫无例外地遵守。否则，就要受到国家强制力量的惩处。

（3）法律方法的正确运用

法律方法从本质上讲是通过上层建筑的力量来影响和改变社会活动的方法。法律方法有双重作用，既可以起促进作用，也可以起阻碍作用。如果各项法律和法规的制定与颁布符合客观规律的要求，则会促进社会、经济的发展；反之，其可能成为社会、经济发展的严重阻碍。法律方法由于缺少灵活性和弹性，易使管理僵化，有时还会不利于企业发挥其主动性和创造性。

2.管理的行政方法

（1）行政方法的内容与实质

行政方法是依靠行政组织的权威，运用命令、规定、指示、条例等行政手段，按照行政系统和层次，以权威和服从为前提，直接指挥下属工作的管理方法。

行政方法的实质是通过行政组织中的职务和职位来进行管理。它特别强调职责、职权、职位，而并非个人的能力或特权。任何部门、单位都需要建立若干行政机构来进行管理，各机构都有着严格的职责和权限范围。在任何行政管理系统中，各个层次所掌握的信息都是不对称的，所以行政具有权威性。上级指挥下级，完全是由高一级的职位所决定的，下级服从上级是对上级所拥有的管理权限的服从。

（2）行政方法的特点

权威性。行政方法所依托的基础是受理机关和管理者的权威。管理者权威越高，他所发出的指令接受率就越高。提高各级领导的权威，是运用行政方法进行管理的前提，也是提高行政方法有效性的基础。管理者必须努力以自己优良的品质、卓越的才能去增强管理权威，而不能仅仅依靠职位带来的权力来强化权威。

强制性。行政权力机构和管理者所发出的命令、指示、规定等，对管理对象具有不同程度的强制性。行政方法就是通过这种强制性来达到指挥与控制的目的。但是，行政强制与法律是有区别的：法律的强制性是通过国家机器和司法机构来执行的，是对人们行为的规范；而行政的强制性要求人们在行动的目标上服从统一的意志，它在行动的原则上高度统一，但允许人们在方法上灵活多样。行政的强制性是由一系列行政措施（如表扬、奖励、晋升、任务分配、工作调动及批评、记过、降级、撤职、开除等）作为保证来执行的。

垂直性。行政方法是通过行政系统、行政层次来实施的，因此基本上属于"条条"的纵垂直（注：自上而下或者自下而上）管理。行政指令一般都是自上而下，通过纵向直线下达的。下级组织和领导人只接受一个上级的领导和指挥，不接受横向传来的指令。行政方法的运用，必须坚持纵向的自上而下，切忌通过横向传达指令。

具体性。相对于其他方法，行政方法比较具体。不仅行政指令的内容和对象是具体的，而且其实施过程的具体方法也因对象、目的和时间的变化而变化。行政指令往往是在某一特定的时间内对某一特定的对象起作用，具有明确的指向性和时效性。

无偿性。运用行政方法进行管理，上级组织对下级组织人、财、物等的调动和使用不讲等价交换的原则，一切根据行政管理的需要，不考虑价值补偿问题。

（3）行政方法的正确运用

管理者必须充分认识行政方法的本质是服务。服务是行政的根本目的，这是由管理的实质、生产的社会化及市场经济的基本特征决定的。服务，就企业管理的行政方法来说，是为基层、生产和科研第一线、全厂职工服务的。

行政方法的管理效果为领导者水平所制约。管理效果取决于领导者的指挥艺术和心理素质，取决于领导者和执行者的知识、能力。

信息在运用行政方法过程中至关重要。首先，领导者要想驾驭全局、统一指挥，必须及时获取组织内外部有用的信息，以作出正确决策，避免指挥失误。其次，上级要把行政命令、规定或指示迅速而准确地下达，还要把各种反馈信息和预测性信息发送给下级领导层，供下级决策时使用。总之，行政方法要求有一个灵敏、有效的信息管理系统。

在管理中不可单纯依靠行政方法，要在客观规律的基础上把行政方法和管理的其他方法，特别是经济方法有机地结合起来。

3.管理的经济方法

（1）经济方法的内容与实质

经济方法是根据客观经济规律，运用各种经济手段，调节各种不同经济主体之间的关系，以获取较高的经济收益与社会效益的管理方法。这里所说的各种经济手段，主要包括价格、税收、信贷、利润、工资、奖金、罚款和经济合同等。不同的经济手段在不同的领域中发挥各自不同的作用。

管理的经济方法实质是围绕着物质利益,运用各种经济手段正确处理国家、集体与个人三者之间的经济关系,最大限度地调动各个方面的积极性、主动性、创造性和责任感。

(2) 经济方法的特点

利益性。经济方法是通过利益机制引导被管理者去追求某种利益,间接影响被管理者行为的一种管理方法。

关联性。经济方法适用范围很广,不但各种经济手段之间的关系错综复杂,影响面广,而且每一种经济手段的变化都会造成社会多方面经济关系的连锁反应。它不仅会影响当前经济问题,有时还会波及长远利益,产生一些难以预料的后果。

灵活性。经济方法的灵活性主要体现在两方面:一方面,经济方法针对不同的管理对象,如针对企业和职工个人,可以采用不同的手段;另一方面,对于同一管理对象,在不同情况下,可以采用不同方式来进行管理,以适应形势的发展,如税收的增减可分别鼓励与限制某一产业的发展,增减的幅度越大,作用越明显。

平等性。经济方法承认被管理的组织或个人在获取经济利益时是平等的,社会按照统一的价值尺度来计算和分配经济成果;多种经济手段对于相同情况的被管理者起同样的效力,不允许有特殊性。

(3) 经济方法的正确运用

将经济方法和教育方法等有机结合起来。人们除物质需要以外,还有更多精神和社会方面的需要。在现代生产力迅猛发展的条件下,物质利益对于人们的刺激作用将逐步减弱,如果单纯运用经济方法,易产生讨价还价、"一切向钱看"等不良影响,助长本位主义和个人主义思想。组织必须结合教育做好精神文明建设。

经济方法的综合运用和不断完善。组织既要发挥经济杠杆的作用,又要重视整体上的协调配合。如果忽视综合运用经济方法,孤立地运用单一杠杆,往往不能取得预期的效果。例如,价格杠杆对生产和消费同时具有相反方向的调节作用，提高价格可以促进生产，却抑制消费。在经济生活中有些产品具有特殊的性质，因而，仅凭单一的价格杠杆难以奏效，必须综合运用一组经济杠杆。

4.管理的技术方法

（1）技术方法的内容与实质

技术方法是指组织中各个层级的管理者（包括高层管理者、中层管理者和基层管理者）根据管理活动的需要，自觉运用自己或他人所掌握的各类技术，以提高管理效率和效果的管理方法。这里所说的各类技术，主要包括信息技术、决策技术、计划技术、组织技术和控制技术等。

管理技术方法的实质是把技术融入管理中，利用技术来辅助管理。善于使用技术方法的管理者通常能把技术与管理很好地结合起来。

（2）技术方法的特点

客观性。技术方法的客观性体现在两个方面：一方面，技术是客观存在的，不以人的意志为转移；另一方面，技术方法产生的结果是客观的。

规律性。技术方法的规律性源自客观性。规律性体现在两方面：一方面，技术脱胎于现实世界中普遍存在的客观规律；另一方面，技术方法是有规律的，每种方法都是有章可循，而不是杂乱无章的。

精确性。技术方法的精确性是指只要基础数据是正确无误的，由技术方法产生的结果就是精确的。正是因为其精确性，技术方法日益受到人们的青睐。

动态性。管理者在管理过程中经常会遇到新情况、新问题。对这些新情况、新问题，利用过去的技术方法解决可能效果不好。这就要求管理者必须紧密关注技术的发展，不断更新自己手中掌握的技术武器，防止用过时、落后的技术方法来解决新问题。技术方法因此呈现出动态性的特征。

（3）技术方法的正确运用

技术不是万能的。技术并不能解决一切问题。例如，对某单只股票价格的预测，利用技术有时就没有经验判断和直觉准确。也就是说，技术有一定的局限性，有一定的适用范围。管理者既不能否定技术的重要性，也不能盲目迷信技术。

多种管理方法相结合。既然技术不是万能的管理方法，管理者在解决管理问题时，就不能仅仅依靠技术。相反，应该把各种管理方法结合起来使用，"多管齐下"，争取收到较好的效果。

使用技术方法有一定的前提。即管理者本人必须或多或少掌握一些技术，知道技术的价值所在和局限性，并在可能的情况下，让组织内外的技术专家参与进来，以他人的专长，来弥补自身某些方面的不足。

5.管理的教育方法

（1）教育方法的内容与实质

教育是按照一定的目的、要求对受教育者从德、智、体诸方面施加影响的一种有计划的活动。它包括人生观的培养和道德教育，爱国主义和集体主义教育，民主、纪律教育，科学文化教育等。

教育是管理的中心环节。教育是按照人的思想、行为活动的规律进行的；教育运用沟通、宣传、说服、鼓励等方式来预防问题，及时发现问题、解决问题，以实现既定的管理目标。

（2）教育的方式

我国企业在长期的思想政治工作中积累了丰富的经验，行为科学在我国企业中的应用和发展，又给教育方法增加了新的形式，教育方式正在发生着深刻的变化。人们普遍认识到，对于思想性质的问题，必须采取讨论、说理、批评和自我批评的方法进行疏导，而不是通过粗暴的训斥、压制和简单的惩罚来解决问题。对于传授知识和技能方面的教育，也不宜全部采用以讲授为中心的教育方法。因为在讲授方式中，受教育者处于被动状态，接受知识的效率并不高，所以应当减少讲授方式，而较多地采用有目的、有指导的小组讨论、现场实习和体验学习等方法，让受教育者按照他们自己创造的学习方法去学习，这样会取得更好的效果。

第二节 煤炭企业生产经营管理的理论体系

一、煤炭企业生产开发思路与布局

（一）煤炭企业生产开发思路

按照科学布局、集约开发、安全生产、保护环境的发展方针，以加快转变发展方式为主线，以改革开放为动力，以科技进步为支撑，建设大型煤炭企业集团，建设大型煤炭基地，建设大型现代化煤矿，建设资源节约型和环境友好型矿区，促进煤炭工业健康发展。

煤炭工业作为国民经济的基础产业，既要服务经济发展方式转变的大局，也要针对存在的问题和面临的形势，加快自身发展方式的转变。加快转变发展方式贯穿煤炭工业发展的全过程和全领域，要以结构调整为主攻方向，优化煤炭布局结构、生产结构、技术结构、组织结构，提高煤矿安全生产和职业健康水平，妥善处理资源开发与生态环境保护的关系，促进统筹协调发展。

1.科学布局

我国煤炭资源与水资源逆向分布，煤炭生产与消费逆向分布。要根据煤炭资源、区位、市场、运输、安全和环境等因素，统筹煤炭生产开发、加工转化、煤炭外运等关系，控制东部地区煤炭资源开发，稳定中部地区煤炭开发规模，发展西部地区大型煤炭基地。

2.集约开发

集约开发是煤炭工业发展的方向。要加快推进煤矿企业兼并重组，发展大型企业集团，提高产业集中度。选择资源条件好、有发展潜力和条件成熟的矿区，实施集中高效开发。稳步建设大型现代化煤矿，优先建设大型、特大型露天煤矿，大幅提升煤炭生产技术水平。

3.安全生产

安全生产是煤炭工业健康发展的前提和保障。要坚持安全发展理念，深入贯彻"安全第一、预防为主、综合治理"的安全生产方针，全面落实安全生产责任制。加大安全投入，加强重大灾害防治，实施重大安全工程，提高职业危害防治水平，保障煤矿安全生产。

4.保护环境

加强煤矸石、煤泥、煤矿瓦斯、矿井水及与煤伴生资源的综合利用，大力发展以资源综合利用和生态环境治理为核心的循环经济产业园区。不断完善矿区生态环境治理模式，建立生态环境恢复补偿机制，开发一片、保护一片、改善一片，建设资源节约型和环境友好型矿区。

（二）煤炭企业生产开发布局

煤炭生产开发布局是对煤炭资源勘查、生产、建设在空间和时间上进行的总体安排和部署。布局以最有效地满足国民经济发展和人民生活需要为目标，对于近期，布局主要考虑煤炭资源、地理位置、坑口就地转化量、煤矿外部建设条件、地区经济发展等因素；对于远期，主要考虑煤炭资源、地理位置两个因素，解决东、中、西部地区、各规划区及主要矿区煤炭生产能力的合理配置。我国煤炭资源区域分布极不均衡，呈"西多东少、北富南贫"的特点。各地区工业基础和经济发展不平衡，东部地区比较发达，是煤炭消费的重心，与煤炭资源呈逆向分布。这决定了我国"西煤东调""北煤南运"的运输格局。

煤炭生产开发布局，首先要适应资源分布和经济布局逆向分布的矛盾，统筹煤炭生产、建设、消费和运输的协调发展，满足国民经济发展对煤炭的需要；其次要改变过去的煤炭开发模式，对大型煤炭基地实行综合开发，将煤炭加工转化和高载能产品尽可能布置在煤炭基地，变输煤为输电、输气和输工业制成品，同时，东部沿海、沿江和沿边地区，要扩大煤炭进口规模，减少对国内煤炭基地的依赖；最后，生产开发布局也要统筹国际国内两种资源、两个市场，有全球意识，实施走出去战略。

1.生产开发总体布局

我国煤炭生产开发总体布局是"控制东部、稳定中部、发展西部"。东部开采历史长，可供建设新井的资源少，应控制开发规模，维持供应能力；中部资源相对丰富，开发强度偏大，应减缓开发速度，保障稳定供应；西部资源丰富，开发潜力大，应扩大生产规模，增加调出量。

（1）控制东部地区的煤炭生产建设规模

东部地区的突出特点是经济发展水平高，煤炭需求量大，是我国主要煤炭消费区。东部煤炭资源比较匮乏，且经多年开采，可供建设新井的资源急剧减少，剩余资源主要分布在老矿区外围和深部，资源赋存条件复杂，煤层埋藏深度大多超过1000米，部分生产或在建矿井采深也接近1000米，煤矿瓦斯、地压、地温、水灾等灾害日益严重，工人的作业环境差、煤矿安全生产压力很大，开发建设难度大，煤炭生产后劲严重不足，部分矿区出现接续困难，东部煤炭供需矛盾突出。另外，东部地区人口密集、土地稀缺，煤炭开发对社会和生态环境影响比其他地区更加突出。根据东部资源条件、生产现状和区位特点，应实施控制东部区带开发战略，仅考虑资源枯竭矿井接续项目建设，新井建设控制在1000米以浅，维持现有生产供应规模，尽量延长矿区服务年限，为寻求替代产业腾出时间，加快煤炭产业向区外发展，促进地区经济持续发展和社会稳定。

东部地区城镇和建筑物压煤十分严重，部分矿区下组煤煤质差并受地下水威胁，许多煤矿面临资源枯竭，部分矿井进入深部开采期，生产能力显著下降，安全隐患明显加大。东部煤炭资源开发利用率高，后备资源短缺，浅部煤炭资源已经基本上被开发利用，加大深部资源勘查力度势在必行。在煤炭资源保障上，既要巩固和稳定区内，保障老矿区转移和接续需要，又要注重向区外发展。依靠技术进步，加强科技攻关，解决好承压水体上开采、村庄下开采及深部开采问题。对储量不多、生产逐渐萎缩的衰老报废型矿区，要千方百计解决好矿区接替；对开发强度大而储量并不丰富的矿区，应积极开展外围地区勘探，以保证持续稳产；对于储量比较丰富且开发时间不长的矿区，可加快开发。

（2）稳定中部地区的煤炭生产建设规模

中部区带地处我国腹地，地理位置适中，起着承东启西的作用。本区的整体特征是资源比较丰富，但分布不均衡。随着中部崛起战略的实施，近几年中部发展加快，与东部的差距逐渐缩小，煤炭需求量增长较快。

但中部地区将面临资源枯竭问题，必须进一步加强地质勘查工作，加快矿区周边和老矿井深部的勘探，为矿井的生产接替提供可靠的煤炭资源；抓紧实施走出去战略，到省外和国外开拓市场；重点加强现有煤矿技术改造，淘汰落后生产能力，提高技术水平和安全保障程度，适度控制新井建设，总体上稳定煤炭产量。

（3）重点发展西部地区大型煤炭基地

西部地区是我国最重要的煤炭生产区和调出区。该地区突出特点是煤炭资源特别丰富，大部分区域煤层埋藏浅，开采条件优良，适宜建设大型现代化煤矿，开发潜力大，但由于地理位置偏西，煤炭外运受到一定制约。随着主要煤运大通道逐步建成特高压输电线路投运和煤化工技术走向成熟，西部地区煤炭开发迎来了新的发展机遇。西部地区经济一直欠发达，与中、东部差距较大，煤炭需求量不大，但随着国家西部大开发战略的实施，经济发展提速，煤炭需求也将逐步增加。西部作为我国煤炭供应的可靠保障，应实施重点发展战略，根据水资源、生态环境容量重点建设一批大型、特大型矿井群，优先建设优质动力煤矿、特大型现代化露天煤矿、煤电和煤炭转化配套项目；严格限制高灰、高硫和低热值煤炭的新井开工规模；对优质稀缺煤炭资源，实行保护性开发。

西部煤炭资源丰富，是我国煤炭供应的可靠支撑，随着东部、中部资源枯竭，未来西部更加重要。但西部富煤地区普遍缺水，地表沟壑纵横，植被覆盖率低，生态环境十分脆弱，水资源承载能力和环境容量始终是制约西部煤炭资源开发的关键因素。应在解决好水源、环保等制约因素的基础上，根据煤炭需求，适度加大开发强度。一方面要加快煤运通道建设步伐，另一方面要加大煤炭就地转化量，以电力、煤化工产品等形式输出二次能源，既可缓解煤炭运输压力，也是加快西部煤炭主产区经济发展的需要。

2.生产布局

生产布局的原则是东部地区稳定现有规模、中部地区保持适度增长、西部地区逐步扩大生产规模。东部地区生产时间长，煤矿衰老报废速度加快，煤炭产量呈缓慢下降趋势，应尽量稳定现有生产规模；中部地区仍有一定的开发潜力，要实施稳定发展策略，允许煤炭产量缓慢增长；西部地区开发潜力很大，应扩大生产规模，参与全国供需平衡，保障市场供给。

3.建设布局

按照东部接续建设、中部适度建设、西部重点建设的原则，合理安排东部、中部、西部等地区和主要产煤省区的建设规模。

4.勘查布局

按照国家煤炭地质工作与商业性地质工作分体运行原则，引导国土资源部门和矿业权人，有序开展地质勘查工作。根据建设布局、规划建设项目、区域位置、赋存条件、勘查程度、市场需求和矿区外部建设条件等，对勘查布局进行分类指导，各有侧重。

二、煤炭企业生产经营的 GMI 理论

（一）煤炭企业生产经营的 GMI 理论框架

1.理论基础

（1）系统论

矿井生产经营是一个涉及人、机、环、管的复杂巨系统，生产经营模式的设计和运营必须符合系统论的基本原理。系统论是指研究与认识事物的整体和系统，其由相互作用、相互依赖的部分构成，包含要素与关系；系统处于积极的运动状态，实现其整体的功能大于单一个体功能的总和。

系统论包括八种基本特性，每一种基本特性是系统的一个基本方面，将它们进一步概括，就形成了系统论的八大基本原理，即整体性原理、层次性原理、

开放性原理、目的性原理、稳定性原理、突变性原理、自组织性原理和相似性原理。

整体性原理。是指系统是由若干要素组成的具有一定新功能的有机整体，各个作为系统子单元的要素一旦组成系统整体，就具有独立要素所不具有的性质和功能，形成了新的系统的质的规定性，从而表现出整体的性质和功能不等于各个要素的性质和功能的简单相加。

层次性原理。是指由于组成系统的诸要素的种种差异（包括结合方式上的差异），从而使系统组织在地位和作用、结构和功能上表现出等级秩序性，形成了具有质的差异的系统等级。层次概念就反映这种有质的差异的不同的系统等级或系统中的等级差异性。

开放性原理。是指系统具有不断地与外界环境进行物质、能量、信息交换的性质和功能，系统向环境开放是系统得以向上发展的前提，也是系统得以稳定存在的条件。

目的性原理。是指组织系统在与环境的相互作用中，在一定范围内，其发展变化不受或少受条件变化或途径经历的影响，坚持表现出某种趋向预先确定的状态特征。

稳定性原理。是指在外界作用下开放系统具有一定的自我稳定能力，能够在一定范围内自我调节，从而保持和恢复原来的有序状态、保持和恢复原有的结构和功能。

突变性原理。是指系统通过失稳从一种状态进入另一种状态，是一种突变过程，它是系统质变的一种基本形式。突变方式多种多样，同时系统发展还存在着分叉，从而有了质变的多样性，带来系统发展的丰富多彩。

自组织性原理。是指开放系统在系统内外两方面因素的复杂非线性相互作用下，内部要素的某些偏离系统稳定状态的涨落可能得以放大，从而在系统中产生更大范围的更强烈的长程相关，自发组织起来，使系统从无序到有序，从低级有序到高级有序。

相似性原理。是指系统具有同构和同态的性质，体现在系统的结构和功能、存在方式和演化过程具有共同性，这是一种有差异的共性，是系统统一性的一种表现。

（2）契约理论

契约理论是在特定交易环境下，来分析不同合同人之间的经济行为与结果，往往需要通过假定条件，在一定程度上简化交易属性，建立模型来分析并得出理论观点。在这里，主要讲述委托－代理理论和交易成本理论。

委托－代理理论。在市场经济活动中，受有限理性和信息成本等因素的限制，交易参与各方往往获得差异性信息，一方因资源优势可以获得更多的有利信息，一方因信息渠道限制得到的信息非常有限，这种存在信息优势和信息劣势的现象，被定义为交易参与方的信息不对称。委托－代理理论是在交易双方信息不对称和利益冲突的前提下，探讨委托人如何设计激励机制或最优契约来激励代理人采取适当的行动，最大限度增进委托人利益的理论。交易双方的委托代理关系立足于契约关系，其需要设计相应的激励机制来平衡风险分担与利益分享间的冲突。这种合作契约关系可以解释很多市场经济关系矛盾。在委托－代理理论中比较具有代表性的模型是逆向选择模型和道德风险模型。

交易成本理论。买卖的交易，即法律上平等和自由的人们之间自愿的买卖关系，一般原则是稀缺性。管理交易，是一种以财富的生产为目的的交易，交易的双方是一种上级和下级的关系，含有一定成分的谈判，有一些像是买卖交易，一般原则是效率。限额（政治）交易，也是一种上级对下级的关系，但这里的上级是一个集体的上级或它的正式代表（如立法机关、法院、税务机关等）。限额（政治）交易是有权利的那几个参加者之间达成协议的谈判，即将利益和负担限额分配给相关者，没有买卖，也没有管理。

英国经济学家认为，交易成本主要包括发现相对价格的工作、谈判和签约的费用及其他方面的不利因素（或成本）。

交易费用就是交易前、交易中和交易后的各种与交易有关的费用。具体包括发现交易对象和交易商品及交易商品质量、价格等的信息费用，讨价还价费用，起草、讨论、确定交易合同的费用，督促契约条款严格履行的费用，履行合同发生诉讼而产生的赔偿费用，保护双方权益，防止第三方侵权的费用，其他在交易中发生的费用。

(3) 分工理论

分工是人类社会中普遍存在并十分重要的现象。从古希腊至今，形成了各具特色的关于分工的理论，其中较为典型且具有说服力、对分工的演进和专业化研究较为深入的代表人物有柏拉图、亚当·斯密、杨格和卡尔·马克思等。

较为系统地探究分工的学者应首推柏拉图。柏拉图关于分工的本质论述主要包含两个方面：分工的第一个本质属性是工作的专业化。在他看来，专业化的含义在于人们只做适合的工作。这样做的原因之一是人的天然禀赋各不相同，只能适合某一种工作，而不能适应多种工作；原因之二是人们只有在专门从事一种工作时，才能熟练并高质量地把事情做好，于是生产专业化就不可避免了。分工的第二个本质属性是分工的整体性和层次性。分工体系中的各部分之间具有相互服务性，每个成员既为别人服务又接受别人的服务，这样，不同分工的人通过相互交换结合在一起，即分工的整体性特征；其次，人的需求是多层次的，柏拉图根据从事的工作所能满足的人的需求层次不同，将社会分为三个等级，满足人们吃穿住行最基本的物质和精神上的需求为第三等级，发动战争、扩大疆土的武士属于第二等级，统治者为最高等级。

亚当·斯密认为，"分工"即"劳动分工"，是指生产活动中的若干不同"操作"由不同的人来完成。分工源于人们之间互通有无的倾向，而分工的深化又受市场规模的限制。在亚当·斯密的框架中，分工既是经济进步的原因，同时新的分工又取决于市场规模的扩大。分工之所以能提高劳动生产率，主要源于三个方面的结果：第一，分工有利于促进工人的熟练程度；第二，分工节约了工作转换的时间；第三，分工有助于工具改进和机器发明。而市场规模则通过人口密度和运输成本对分工深化产生影响。通过将劳动分工与经济增长结合起来，亚当·斯密形成了"凭借持续引进新的分工而自我维持的增长理论"。

杨格在亚当·斯密劳动分工思想的基础上提出了迂回生产的概念。杨格认为，分工水平依赖市场容量，反过来市场是由所有人是否参加分工的决策决定的，所以市场又由分工水平决定，而其中最重要的分工形式是生产迂回程度的加强及新行业的出现。产业间分工使得迂回生产链加长，也使得市场规模扩大，而扩大的市场会促进分工的进一步扩大。在杨格看来，是专业化和分工引起了报酬递增，而不是规模经济。他使用三个概念描述了分工：第一是个人专业化，当个人缩小活动范围时，他的个人专业化水平就提高了；第二个是迂回生产链的长度，或称为迂回生产程度；第三个是每条迂回生产链中的中间产品种类数。毫无疑问，这三个概念相互依存。因此，分工产生的报酬递增一方面来源于每个个体专业化程度加深带来的生产率的提高（专业化经济），另一方面必然要求不同个体或产业之间形成相互联系和交换关系，通过产业间的相互协调、合作及迂回生产链条的不断加长，提高最终产品的生产效率。

卡尔·马克思从技术性质方面来论证分工和市场规模之间的关系，形成了"马克思关于企业内分工和社会分工的区分"。企业内分工（即垂直分工）取决于规模报酬的递增的技术；而社会分工（即水平分工）最基本的问题是最小经济规模问题。这两者之间交互作用、互为因果，引起产业和社会经济结构的自发演进。

随之，一批经济学家用非线性规划的"超边际分析方法"，重新将古典经济学中关于"分工和专业化"的精辟思想转化为经济数学模型。新兴古典经济学从分工水平和专业化程度入手，导出需求和供给，使供给与需求分析不但包括资源分配问题，还包括经济组织问题。这里的经济组织形式不但与个人专业化方向和程度有关，还与社会分工模式、技术结构和产业结构、企业制度的设计、市场发育程度和市场容量的大小、宏观经济周期等也有关系。

（4）企业与市场理论

从传统厂商理论中的企业与市场关系来看，企业与市场理论又称"厂商均衡理论"，主要研究在类型不同的市场环境里，厂商（即企业）如何根据市场条件合理确定其产品的价格和理想产量。包括市场需求、市场供给、市场均衡及需求弹性分析等理论。在厂商理论中，通过分析不同竞争厂商的产品价格、利润和产量之间的相互关系，按不同的市场竞争关系得出均衡价格。其具体内容主要包括成本理论、市场或厂商分类（四类：完全竞争、垄断、垄断竞争、寡头）、厂商均衡理论、非利润最大化的厂商理论等。

在传统厂商理论中，市场是企业既定的外部竞争环境。不同的企业在面临不同的市场类型时，会根据相应的情况采取相应的措施来实现自身利益的最大化。在综合分析各自不同的企业类型和条件后，理性的企业均会选择适应所处市场环境的竞争策略参与到市场竞争中去。

从现代企业理论中的企业与市场关系来看，新制度经济学的创始人在其发表的论文中，列举了两种企业出现的理由：其一，企业的存在是因为商品有相对独立性或是在市场中存在着指挥欲倾向；其二，购买者偏爱于购买由企业生产的商品，而很少购买以其他方式生产的商品（这种情况下企业也可能存在，但很少）。因此这种观点是市场的运行是有成本的，为了节约某些市场运行成本，需要形成一个组织，并允许类似于"企业家"的人来支配资源，这样才能存在企业；有了企业，有些生产要素的所有者就会在企业内部进行合作，签订契约的数目将大大减少，企业这一种契约形式就替代了一系列的市场契约。论文中对企业的定义是从交易费用理论和产权理论的角度去解释的。事实上，企业作为现代社会的基本细胞不仅仅体现在这两方面，由于协作能提高生产效率，企业也可能存在；由于生产相对集中，缩短了在制品的各个特殊生产阶段的空间距离，也会带来额外的价值。更重要的是，由于规模经济的影响，企业在适度规模的时候能产生更大的边际收益。企业作为提供产品和服务的组织，其面对的终端是使用者——客户。从原材料的采购、产品的生产、市场销售到客户使用以及售后服务等过程，都是企业在市场环境中创造价值并获得利益的过程。

在现代企业理论中，企业和市场是资源配置的两种不同方式，在这两种方式之外还存在着大量的中间组织形态。在市场中有大量的企业，但在企业内部同样也存在着市场机制。

内部市场化就是将市场机制应用于企业内部的一种资源配置方式和组织管理形式，体现的是一种新型的企业与市场关系。

（5）协同管理理论

协同管理理论是协同理论与管理理论的结合，但在管理中第一次提出"协同"概念的时间却要早于协同学作为一门学科的诞生时间。

按照协同学的理论，协同管理可以定义为在系统处于变革或临界状态下，以协同思想为指导，综合运用管理手段和方法，促使系统内部各子系统或要素按照协同的方式进行整合、相互作用、相互合作协调，从而实现一致性和互补性，进而产生支配整个系统发展的序参量，使系统实现自组织，从一种序状态走向另一种新的序状态，并使系统产生整体作用大于各要素作用力之和的系统管理方法。协同管理追求的中心目标是 1+1>2 的协同效应，其本质要求是实现系统内部各要素的优势互补和功能倍增。为实现协同效应，需要对各种管理要素进行整合，综合运用各种方法和手段促使系统内部各要素之间进行相互作用、相互合作和协调，从而实现一致性与互补性。

协同管理的中心目标是实现协同效应，其本质是各协同要素按照一定的方式相互作用、协调配合，同步产生主宰系统发展的序参量，支配系统向有序、稳定的方向发展，进而使系统整体功能发生倍增或放大，实现协同效应。一般认为协同管理主要有五大原理：协同管理序参量选择原理、协同管理役使原理、协同管理涨落导向原理、协同管理互动性原理、协同管理功能倍增原理。

协同管理序参量选择原理，是指在管理过程中，如果能够确定在系统中起支配作用和决定作用的序参量，就可以通过控制外部参量的方式，创造一种有利于系统向有序方向演化的条件与机会，从而把握整个管理系统发展的方向。对协同管理序参量的选择要依据序参量的特点来把握：第一，协同管理序参量是宏观参量，它能描述系统的整体行为；第二，协同管理序参量是协同管理系统中各个子系统协同运动的产物，是合作效应的表征和度量；第三，序参量支配系统中各子系统的协同管理行为，主宰系统整体演化过程。

协同管理役使原理，是指在管理过程中，谁代表协同管理序参量，谁就代表整个协同管理系统的发展变化方向，就会在系统的涨落中被放大成为新的结构主体。但是要产生令人期望的协同管理序参量，就必须区分和把握系统动态发展过程中的协同管理的快变量和协同管理的慢变量。因为协同管理快变量还未来得及影响和支配组织系统的行为，就已经消灭或者转变了；而极少数协同管理慢变量变化相对缓慢，有机会支配和主宰系统的演化，代表系统的序状态。因此，创造协同管理慢变量环境，使协同管理慢变量支配其他子系统参与到整体性的合作行为中来至关重要。

协同管理涨落导向原理，强调系统中某个微小的变化会带来大的结果性偏差，表现为在不断地涨落起伏过程中，偶然的支配力量决定系统的发展方向与规模。对协同管理系统来说，由于它所面临的环境在不断发生变化，各种不确定因素也随之而来，在系统处于临界区域附近时，即使这不经意的因素发生微小的变化，也会使整个系统雪崩般地形成协同管理序参量，从而主宰系统演化发展的模式。

协同管理互动性原理，是指协同管理系统内部各子系统或各要素存在着相互作用和影响，部分要素的作用能够激发或补充其他要素潜在能力的发挥，从而促成协同管理目标最终实现的规律。互动性原理强调从系统整体性出发，将系统各要素的功能协同起来，使它们相互作用和相互激发，从而促进其他要素功能的发挥，推动整体系统功能的提升。

协同管理功能倍增原理，主要强调系统实现整体性协同后，由于系统内部各子系统或组分之间同向合作、相互配合，从而减少或避免内耗，提高相关要素和相关系统在协同工作中的工作效能，使其产生互补效应，从而使系统功能放大。功能倍增原理表现为个别要素对整体效果的贡献和系统耦合产生倍增效应两种形式，前者是指由于要素在系统中的能力和地位的特殊性造成了其对整体起着至关重要的作用，而后者是指"系统的整体性功能是由各子系统功能耦合而成的全新的整体效应，这种耦合能使系统整体功能产生倍增"。

（6）创新理论

"创新"一词，最早由熊彼特提出。在创新理论的历史发展进程中，以熊彼特提出的"创新理论"最为显著，其影响至今较为广泛。进一步剖析，熊彼特对创新的定义为企业家对生产要素的新的组合。熊彼特还认为,创新是一个经济范畴,而非技术范畴,它不是科学技术上的发明创造,而是指把已发明的科学技术引入企业之中,形成一种新的生产能力。具体来说,熊彼特认为创新包括以下五种情况:

产品创新。引入一种新的产品,也就是消费者还不熟悉的产品,或提供一种新的质量。

工艺创新。采用一种新的生产方法,也就是在相关的制造部门中从未采用的方法,这种新的方法并不需要建立在新的科学发现的基础上,它还可以是以新的商业方式来处理某种产品。

市场创新。开辟一个新的市场,也就是使产品进入以前不曾进入的市场,不管这个市场以前是否存在过。

原料创新。获得一种原料或半成品的新的供给来源,这种来源可以是已经存在的,也可以是第一次创造出来的。

组织创新。实行一种新的企业组织形式,如建立一种垄断地位,或打破一种垄断。

围绕以上五个方面展开的创新活动有一个共同的特征,即强烈的利润动机和潜在的赢利前景。创新的概念实质上是把生产力的进步作为经济和社会发展的动力。熊彼特把竞争机制升华为创新机制,从而使人们更为准确地把握现代经济发展的脉搏。熊彼特还认为,企业家是创新活动的倡导者和实行者,并指出静态中的经济主体是经济人,动态中的经济主体则是企业家(创新者),即企业家已不同于一般的企业经营管理者,后者只是按传统方式经营管理企业,而前者则敢于冒风险同时又敢于承担风险,不因循守旧,能够不断地倡导和开展创新活动。熊彼特的创新理论自诞生后影响颇大,至今依然有强大的生命力。

另一位对创新理论贡献巨大的是彼得·德鲁克。他将创新定义为"使人力和物质资源拥有更大的物质生产能力的活动""任何改变现存物质财富创造潜力的方式都可以称为创新""创新是创造一种资源"。在彼得·德鲁克看来,创新绝不仅是一项原有的产品和服务的改进,而是提供与以前不同的经济满足，并使经济成为更有活力、更有创造性的活动。同时，彼得·德鲁克系统阐明了技术创新机会的七种源泉的内在规律。他认为系统的创新就在于进行有目的、有组织的寻找，即对创新机会的七种源泉进行监测。这七种源泉前四个存在于企业内部，后三个存在于企业外部。具体内容包括：意外事件，如意料之外的成功与失败事件；不一致性，包括各种经济现实情况之间、实际情况与人们对它的假设之间、企业努力与顾客的价值和期望之间、某个过程的节奏或逻辑上的内部不一致性；过程的需要，主要指基于过程需要的、成功的创新；工业和市场结构的变化；人口结构的变化；观念的变化；新知识。

2.GMI 概念

基于上述理论，根据煤炭企业生产经营及专业化管理的特点，提出了煤炭企业生产经营的 GMI 理论，该理论是一个系统化、体系化、多维化和综合性的理论，具体由目标（Goal）——安全、高效、绿色，"三化"运营模式（Model）——专业化运营、内部市场化运作、协同化发展和 TMC 创新（Innovation）三部分构成，简称"GMI 理论"。TMC 创新，即技术（Technology）创新、管理（Management）创新和文化（Culture）创新。GMI 每一个部分相互联系，相互作用，以目标为统领，以模式为创新手段，以 TMC 创新为实现目标的路径，形成有序的、稳定的、层级的、多元化的系统内涵。

煤炭企业生产经营的 GMI 理论是指拥有优质煤炭资源的管理方在煤矿的采煤、掘进、机电、运输、通防、地测、洗选、调度和后勤等生产经营过程中，与煤炭生产领域内专业技能强、业务水平高的专业化团队进行合作，以安全、高效、绿色为战略目标，通过构建专业化运营、内部市场化运作和协同化发展的"三化"运营模式，实现技术创新、管理创新和文化创新的理论体系。

（1）目标

安全高效绿色战略目标是指煤炭企业在生产经营管理过程中运用先进的管理模式，改革创新煤炭的生产经营运行机制，最终实现煤炭企业高质量发展，即安全高效、绿色生态、协调有序、持续创新、竞争力不断提升的发展目标。最根本的战略目标可归结为安全、高效和绿色。这三个目标是站在更高的角度，从社会、政府、公众角度对煤矿生产经营提出的根本要求，是从外部审视一个煤矿的重要体现。其中，安全是矿井建设的基础，高效是矿井建设的核心内容，绿色是矿井建设的基本要求。

（2）"三化"运营模式

"三化"运营模式由专业化运营、内部市场化运作和协同化发展构成，是指煤炭企业为实现其安全、高效和绿色的生产经营目标，在分工、市场与协同的思想内涵指导下，采用专业化、内部市场化和协同化的基本管理方式，组织资源和经营生产活动，利用规则制度协调并规范权、责、利，最终实现煤炭企业的技术、文化、安全、质量、合同和成本等要素创新发展。三种模式各有自己的运营内容，具体细则会在下文进行详细论述。

（3）TMC 创新

TMC 创新体系具体包括技术创新、管理创新和文化创新。TMC 创新建设的关键点在于将"三化"运营模式与 TMC 要素相结合，技术创新更多体现于推动工艺、采掘方法、设计等硬技术的创新成果发展，而管理创新倾向于管理上的专业化、内部市场化和协同化的发展，文化创新倾向于和谐文化、创新文化、安全文化和绿色文化建设。根据企业管理的具体内容不同，可将管理创新进一步划分为对标管理、合同管理、质量管理、安全管理、成本管理等。

3.GMI 的理论框架

（1）理论模型

GMI 理论模型的相关含义的界定和具体内容见表 1-1。

表 1-1　GMI 理论的含义和内容

名称	具体内容	作用
目标（G）	安全、高效、绿色	目标设立
"三化"运营模式（M）	专业化运营、内部市场化运作、协同化发展	创新手段
TMC 创新（I）	技术创新、管理创新、文化创新	管控路径

续表

名称	具体内容	作用
合作型业务团队	管理方、专业化团队	管控主体
业务边界	采煤、掘进、机电、运输、通防、地测、洗选、调度、后勤	从事业务范围的界定

从表中可看出，由于 GMI 每一部分包括三个方面的内容，因此 GMI 理论也称为"3+3+3"理论体系，即管理方与专业化团队在业务边界下，通过由专业化运营、内部市场化运作和协同化发展三个创新手段构成的"三化"运营模式，为三个创新（即技术创新、管理创新、文化创新）提供支撑保障和动力，最终实现安全、高效、绿色三个目标。

（2）业务边界

业务边界，即管理方托付给专业化团队的具体项目内容、确定的工作范围。依据市场上的专业化团队类型、矿井建设、生产的具体过程和特点，可将现阶段煤炭业务的边界具体分为矿井设计、矿井建设、煤炭运销、物资采购、矿井建设管理与生产技术咨询、设备租赁与托管、煤炭生产、煤炭加工和后勤服务。由于在整个煤炭生产经营过程中，采煤、掘进、机电、运输、通防、地测、洗选和调度业务贯穿着煤炭的生产和加工建设，是煤炭生产经营的基本和核心环节，后勤服务又是基础保障，而煤炭运销一般由管理方自己管理，不需要专业化团队的参与，同时依据国家煤矿安全的相关内容规定，因此，设定了以采煤、掘进、机电、运输、通防、地测、洗选、调度、后勤为煤炭生产、加工以及后勤服务保障的业务边界。同时，将采煤、掘进、机电、运输、通防、地测、洗选、调度、后勤叫作"煤炭生产和经营管理中的九大建设业务"。

（3）合作型业务团队

借鉴委托—代理理论中的管理方和代理方之间的关系，以及协同管理理论中合作的思想，进一步探究 GMI 理论体系中管控主体内涵和作用关系。

管理方与专业化团队组成"合作型业务团队"。所谓"合作型业务团队"，是指管理方与多家专业化团队共同组成一个团体，选取适当的合作方式，就矿井的采煤、掘进、机电、运输、通防、地测、调度、洗选和后勤业务签订合约，各司其职，权责分明，以实现矿井安全高效绿色发展为目标，通过"三化"运营模式展开合作。其中，管理方是合作型业务团队的主导者，监督管控着专业化团队和业务建设，而专业化团队是具体业务的执行者，依据合同内容主要管控及完成煤炭生产各项工程及业务建设。在这里分别界定管理方和专业化团队的概念。

管理方，即煤炭资源产权拥有者，煤炭业务建造的投资人和管理者，需要专业化生产经营服务的需求方。管理方已经获得了采矿权，就矿井建设和设计、生产运营、加工和经营管理等业务以及有关业务的技术、生产、安全、质量等方面的工作，与一家或多家专业化团队形成合作型业务关系，并领导、监督和管控专业化团队，总负责矿井业务建设，最终拥有解释权和支配权。

专业化团队，是与"管理方"相对应的概念，是指在煤炭生产经营某个专业中具有技术、安全、成本、人才、管理等专业化优势而组成的专业化公司或团队。专业化团队就相关业务工作与管理方签订契约，按合同约定负责完成煤炭开采、掘进、机电、运输、通防、调度、地测、洗选和后勤等单个专业或若干专业的技术、安全、质量、成本等全过程管理，为管理方服务，受管理方支配。

第一，管理方和专业化团队关系。

管理方是整个业务团队的"首脑"。通常情况下，管理方并不是在所有煤矿业务运营实施中游刃有余，其通常会在非优势领域中存在专业技术人员不足和管理经验缺乏等问题。因此，管理方一般通过提供资金、人力、信息等一系列资源为企业非优势专业寻求优势力量，借助专业化团队的运营经验与操作实力来维持煤炭企业生产的发展，提升核心竞争力。一方面，管理方通过与专业化团队签订合同，采取合理的合作形式，共同形成一个业务团队，双方就煤矿生产经营业务事宜达成一致意见。在生产经营过程中，管理方作为领导者和监督者，先确立建设安全高效绿色矿井的团队目标，再实施"三化"运营模式，并对专业化团队质量、安全、成本、合同等进行管理、协调、监督和审核,向专业化团队提供专业实施上的相关支持和服务。另一方面,管理方通过与专业化团队签订合同,让专业化团队全面负责煤矿采煤、掘进、机电、运输、通防与安全生产管理等生产活动,以及生产辅助与生活服务等经营活动。专业化团队基于其积累的矿井勘探、设计、工程建设、采煤、掘进、机电、运输、通防、洗选、后勤等业务的经验与阅历为管理方提供技术、管理、生产运营等一揽子的专业化服务。根据管理方的基本信息以及实际需求不同,不同的专业化团队会基于专业化和集约化原则为管理方提供不同业务或项目工程的业务服务。在这里,设定管理方可能因自身开采技术、机电设备管理等方面经验不足,以及考虑到煤炭生产过程中会出现诸多风险等问题,将煤炭开采、掘进、机电、运输、通防等一套基本生产运营专业业务交给煤炭生产专业化团队,让其进行管控,这是属于若干连续阶段的业务管理。同时,管理方也可选择将洗选专业和后勤专业分别交给其他专业化团队管理。

  整体来讲,管理方与专业化团队具有内部化合作关系。管理方和专业化团队采取就业务工作进行合作策略,即团队的建立由业务事宜和法律合同而维系,合同一旦生效,专业化团队便会成为整个业务团队的一分子,履行建设业务的义务。同时,如果合作的专业化团队非常适合管理方的煤矿需求建设,且愿意长期合作、受管理方支配和控制,并想要获取稳定高额的经济利润,管理方也有足够经济实力和合作意向,在双方达成一致时,可采取参股控股、吸收合并等方式,形成真正意义上的一体化和内部化发展。例如:专业化团队可通过入股合作方式,签订入股合作合同或协议,持有管理方所在公司一定的股票数量,成为参股公司,参与业务领域和具体工作;或者管理方与一家或多家具有专业化服务资质的企业合并为一家企业,经过合并,管理方以支付现金、发行股票或其他代价取得具有专业化服务资质的企业的资产和负债,管理方继续保留其法人地位,而具有专业化服务资质的企业合并后丧失了独立的法人资格,彻底成为管理方所管控下的专业化团队。

  第二,合作型业务团队的特点。

整体来看，管理方和专业化团队相辅相成，相互作用，相互联系，相互协作。合作型业务团队具有以下特点：

一是合作型业务主体具有共同目标，即建立安全高效绿色矿井。无论是管理方还是专业化团队，都为实现矿井安全高效绿色发展而奋斗。

二是权责分明，效率提升。团队合作中，管理方与专业化团队权责分配、工作范围等非常清晰，双方关系由外转内，有效克服了两者之间分离带来的互相制约与脱节，大幅减少了各参与方之间的推诿扯皮，降低了沟通障碍，能够最大限度地发挥业务管理的各方优势，提高了业务执行效率。

三是管理方处于主导地位。无论何种合作方式，合作型业务团队中管理方具有主导作用，监督管控着专业化团队运营，保障业务顺利开展。

四是合作型业务主体实施"三化"运营模式。管理方选择业务水平高的专业化团队实施业务专业化运营，并分专业进行管控；在内部市场化运作中，双方构建一级内部市场主体，采取内部市场机制结算价格；同时，在管理方主导下，采取协同化发展策略，保持合作共赢局面。

（二）目标

集约、安全、高效、绿色已成为整个煤炭行业生存发展和改革创新的必然趋势，也是煤炭企业实现转型升级和长久发展的必然目标。依据国家相关政策及煤炭行业内大多数煤炭企业的发展目标，重点论述煤炭企业的"安全、高效、绿色"的战略目标。

1.安全

安全目标主要体现于健全煤炭企业安全生产长效机制，显著提高安全保障能力，重特大事故得到有效遏制，煤矿职业病危害防治取得明显进展，煤矿职工健康状况显著改善。

（1）健全企业安全生产长效机制

煤炭企业应当建立责任全覆盖、管理全方位、监管全过程的煤矿安全生产综合治理体系，健全安全生产长效机制。按照党政同责、一岗双责、失职追责的要求，完善煤炭企业安全生产责任制，严格落实煤矿企业主体责任，保障安全生产投入，改善安全生产条件。

（2）显著提高安全保障能力

提升安全保障能力需要在文化、制度、监管、技术、全员和全过程进行保障体系建设，加强以人为本，实现全员安全保障，落实安全生产主体责任；需要提升技术创新能力，加大安全生产投入，淘汰落后的生产工艺和设备设施，不断提高安全科技保障能力；需要落实主体责任，构建安全生产监管保障体系，加大安全监管力度。

（3）重特大事故得到有效遏制

做到煤矿事故零死亡，做好保障措施和煤矿灾害防治等全面保护，极力确保煤炭企业不再发生重特大事故，或者最大限度降低重特大事故发生概率。

（4）深化煤矿灾害防治

利用物联网、大数据等技术，推进煤矿安全监控系统升级改造，构建煤矿作业场所的事故预防及应急处置系统，加强对水、火、瓦斯、煤尘、顶板等灾害防治，全面推进灾害预防和综合治理。采取保护层开采、区域预抽、揭煤管理等防范措施，推进煤与瓦斯突出和高瓦斯矿井瓦斯综合治理。加强区域性水害普查，采取综合措施做好水害防治。煤炭生产主体严格执行《煤矿安全规程》，提升安全准入门槛，加强过程控制，推进煤矿排查治理安全生产隐患，重点推进灾害严重矿区致灾因素排查。

（5）加强职业健康监护

加强煤矿职业病危害防治体系建设，加大资金投入，强化工程、技术等控制措施，提高职业病危害基础防控能力。推进煤矿职业病危害因素的申报、检测、评价与控制工作，煤矿企业应如实、及时申报职业病危害因素，为职工建立职业健康档案、定期体检，依法维护职工安全健康权益。建立健全粉尘防治规章制度和责任制，落实企业粉尘防治主体责任，降低尘肺病发病率。加强煤矿职业病危害预防控制关键技术与装备的研发，推动煤矿企业建立健全劳保用品管理制度，做好劳保用品的检查、更新。建立煤矿企业职业卫生监督员制度，发挥群众安全监督组织和特聘煤矿安全群众监督员作用。完善煤矿职业病防治支撑体系，有效保障职工工伤保险待遇，切实解决困难职工医疗和生活问题。

2.高效

高效目标：提高煤矿采煤、掘进等主要环节的机械化、自动化及智慧化程度；进一步提高科技创新对企业发展的贡献率；煤炭企业生产效率大幅提升，提高全员劳动工效。

（1）提高采掘机械化程度

提高采煤机械化程度是实现煤矿高产高效的重要前提之一，机械化采煤可以实现集中化生产，大功率、高可靠性的机械化采煤设备能够在很大程度上提高工作面的生产能力。

（2）提高科技创新

高效目标的建设需要企业积极吸纳煤炭领域的最新技术装备和科研成果，并将其转化为生产力，以保证其能够为煤矿提供最新的技术支持。因此，需要煤矿企业加强和各大院校及科研单位的紧密联系，吸收先进技术，增强企业创新能力。

（3）提高全员劳动工效

煤矿企业在充分考虑提高生产效率的同时，还应加强企业内部控制，积极采取现代化管理手段，提高煤炭企业全员的劳动生产积极性和热情，加强煤炭企业全员的责任感，加强企业文化建设，为创造高效益提供保障。

3.绿色

绿色目标：推行煤炭绿色开采，最大程度减轻煤炭生产开发对环境的影响；提高资源综合利用水平；提高煤炭清洁利用水平，加快发展清洁煤电，煤炭清洁利用水平迈上新台阶。

（1）推行煤炭绿色开采

在煤矿设计、建设、生产等环节，严格执行环保标准，采用先进的环保理念和技术装备，减轻对生态环境的影响。以煤矿掘进工作面和采煤工作面为重点，实施粉尘综合治理，降低粉尘排放。因地制宜推广充填开采、保水开采、煤与瓦斯共采、矸石不升井等绿色开采技术。限制开发高硫、高灰、高砷、高氟等对生态环境影响较大的煤炭资源。加强生产煤矿采出率管理，对特殊和稀缺煤类实行保护性开发。

（2）提升资源综合利用水平

煤炭企业应当提升煤炭资源利用效率，提高诸如煤层气利用效率、煤矸石综合利用率、矿井水利用率和土地复垦率等。

（3）提高煤炭清洁利用水平

坚持绿色开发与清洁利用相结合，推动绿色发展。以生态文明理念引领煤炭工业发展，将生态环境约束转变为煤炭绿色持续发展的推动力。从煤炭开发、转化、利用各环节着手，强化全产业链统筹衔接，加强引导和监管，推进煤炭安全绿色开发，促进清洁高效利用。加快煤炭由单一燃料向原料和燃料并重转变，推动高碳能源低碳发展，最大限度减轻煤炭开发利用对生态环境的影响，实现与生态环境和谐发展。

（三）"三化"运营模式

1.专业化运营

专业化运营建设与"分工"理论密不可分。"斯密定理"深刻揭示了市场规模的扩大，加强了分工和专业化程度，进而提高劳动生产率、促进经济增长的规律和原理。随着经济和社会的不断发展，许多学者对"斯密定理"作了补充和修正，但是"斯密定理"的影响力仍不可磨灭。现今，较为热门的专业化和分工理论是新古典经济学中的相关理论，其更多地运用经济数学模型，论述分工经济和专业化经济。在新古典经济学中，专业化水平和专业化经济都是对特定活动而言的，专业化经济来自熟能生巧和个人在特定专业中的经验积累，而这种靠经验和熟能生巧获得的技能并不能在人际间轻易转移。另外，专业化水平会随着一个人活动范围的缩小而增加，如果一个人的活动范围越大，从事的业务越多，那么其专业化水平就会降低。

综上所述，专业化运营的构建要基于上述分工理论思想，同时要依托专业化分工理论和管理学等学科相结合后衍生出来的价值链管理、交易成本、组织管理和内部市场化相关理论对煤炭生产经营专业化运营进行探析。随着煤炭市场多样化发展，投资主体也呈现出多元化趋势，技术创新要素日益增长，市场规模也随之不断壮大，煤炭生产经营价值链分工也日益明显，且分工和专业化水平不断提升。专业化和分工使煤炭企业都专注于发展自己的核心业务。由于煤炭生产具有高危性、复杂性、长期性、动态性和技术密集性等特点，在客观上决定了煤炭生产企业如果完全靠自己的力量与资源去完成煤炭基本生产和辅助生产，以及煤炭加工、安全监察和管理、后勤餐饮等一系列业务，难以做到质量、安全、成本、技术等面面俱到，管理稳定，经验成熟。因此，实施煤炭生产专业化运营势在必行。

（1）专业化运营的优势

从管理方角度来看，专业化运营有以下优势：

第一，管理方与专业化团队采用合作形式，大大减少了人事问题，通过契约，事前就锁定了生产成本，有利于管理方决策。

第二，专业化运营为管理方增加了一道安全生产保障，合作双方通过合同约定在安全管理方面的投入与责任分工，并互相监督与制约，形成双重监督和管理，既规避了内部人管理的弹性，也有利于降低安全成本和提高安全管理水平。

第三，有利于促进管理方的内部市场化，以外部市场化带动管理方内部市场化，激发内部活力，提高企业市场竞争能力。

从专业化团队来看，专业化运营有着以下优势：

第一，可专心致力于生产经营管理，发挥"专家式"服务和潜力，更好地为管理方和整个业务建设服务。

第二，可通过提高运营水平，降低运营成本，获取适当利润。

第三，在专业化运营达到一定规模后，会形成一定规模的人力资源，有利于合理安排培训、合理调配项目管理与技术人员，有利于集中精力、集中财力，通过科研投入，提升运营水平。

（2）专业化运营构建

"链式"优化、"事业部式"管理、"专家式"服务和"市场式"结算四个部分构建了专业化运营。

"链式"优化、"事业部式"管理、"专家式"服务和"市场式"结算都是围绕专业化分工理论而展开的专业化运营内容，但是它们各自的专业化分工的侧重点有所不同。"链式"优化主要阐述基于价值链优化的相关业务的分离；"事业部式"管理主要讲述基于事业部式组织机构的管理方和专业化团队的职责设定和关系结构；"专家式"服务主要通过搜寻资料和实地考察，结合目前专业化团队的专业化运作现状，阐述专业化团队的服务内容；"市场式"结算主要偏于管理方和专业化团队的内部市场化下的内部市场结算方式。

第一，"链式"优化。

随着分工的不断深化和专业化，煤炭企业内部价值链也在不断发生改变，许多环节可以被分解到其他外部企业，从而形成新型的产业价值链。外部化的趋势使煤炭企业内部价值链在不断缩短，部分价值链环节逐渐被转移，这种转移表现方式以活动的外部化、价值链分离及组建生态产业群等优化为主。内部价值链环节的外部化展现了一种新型的分工合作方式，意味着煤炭企业的内部活动也可以得到专业化的管理，这种专业化的分工能够给企业带来更为廉价高质的服务，并且有利于减少煤炭企业对内部价值链优化和管理的投入，精简煤炭企业组织机构，使煤炭企业经营更具灵活性。同时企业也更加关注自身的核心价值链环节，增加对核心环节的投入。

依据价值链管理原理，内部价值链的优化主要包括业务流程调整、数量调配、内容重组、内容分解、活动取消、内容耦合和活动外部化等。煤炭生产经营"链式"优化实质是管理方内部价值链的优化，即管理方内部活动外部化，优化企业价值活动，是提升企业竞争优势的有效工具。管理方内部活动外部化是一种与专业化团队变相的合作路径，是指将管理方内部价值链上的一些活动单元分裂出去交给专业化团队，而管理方自身则关注最为核心、附加值最高的活动单元。被分裂出去的活动单元一般是管理方在煤炭生产经营管控过程中较为薄弱的生产环节或经营内容具有较高风险、管理难度大的活动单元，或致使煤炭生产经营价值链中减值的部分。被分裂出去的活动单元，即交给专业化团队建设的业务，主要由以下四点因素决定：

一是专业化程度。管理方根据自身实力和专业化程度，一般不会将自身较为专业的业务交给专业化团队去建设，而是交给专业化团队那些自身在矿井内部不太专业的业务。这里不太专业的业务是指管理方自己不太擅长且在煤炭生产经营价值链中处于辅助性作用的业务，如后勤服务业务。因此，将管理方不太专业的业务交给专业化团队去管理的可能性较大。

二是成本费用。成本是当前煤炭管理方在煤炭生产经营中较为关注的点，也是实施业务活动的一个出发点和最终的落脚点。经营成本的降低可以转化为收益的增加，同时通过与专业化团队合作带来的高效率和高质量也是收益增加的另外一种表现形式。在煤炭生产经营价值链上，有些活动单元在自营条件下会产生巨额的费用，耗费较多的人力、财力和物力。如果将这些在自身经营下产生高费用的业务分裂出去，利用专业化团队的专业化技能及规模效应，可使管理方的经营成本低得多。因此，高成本、高费用的活动单元可选择与专业化团队进行合作。

三是业务量（规模）。一般情况下，业务量大，煤矿人员和设备需要日常反复工作，闲置率低，规模效应较为明显。业务量小，设备运营的次数和时间少，人员和设备闲置率高，而设备的购置和维修并不会减少，导致管理方的固定成本升高，由此带来管理方的经营效率的低下和管理上的难度。因此，对于规模小的业务和服务，自营不具有规模效应，甚至不具有比较优势，可选择与专业化团队进行合作。

四是管理难度。管理方与专业化团队合作考虑的另一个重要因素就是管理难度的降低。管理的难度体现在三个方面，即对人的管理、对物的管理、对事的管理。某些煤炭生产经营环节管理难度较大，需要投入大量的时间、精力、人力等去进行安全、质量、生产技术等方面的管理。管理方如果全权管控所有的业务和事项，管理难度会进一步提升。某些活动单元在生产、营销、投资、技术以及财务等方面存在较高的风险，且这些风险具有复杂性、潜在性、破坏性等特征，不及时制止和防范会产生巨大的经济损失。因此，风险性较高、管理难度较大的业务应当由专业化团队去实施。

综上所述，"链式"优化是在煤炭企业识别自己内部价值链的基础上，依据上述影响因素，找出价值链上劣势的、薄弱的、非核心的、不擅长的业务，将其交给相关的专业化团队，体现了专业化分工的思想理念。

第二，"事业部式"管理。

事业部组织机构是指按照组织的产出将不同部门组合在一起的一种组织机构。事业部组织机构有时又叫作"产品式组织机构""项目式组织机构"或者"自主单位组织机构"，即将不同的部门组合在一起来生产单一的产出，这项产出有可能是一种产品、一个项目或者为单一顾客提供的一种服务。

从组织机构建设角度来看，合作型业务团队可采用"事业部式"管理，遵循管理方主导下的一体化组织原则。管理方就合作的业务内容将各个专业化团队设置为专业化生产经营管理部门，建立"事业部"。每个专业化管理部门如同一个独立的公司一般来进行生产运作，都有自己的产品或服务的生产经营全过程；在生产经营运作中有一定的自主性，负责部门职责和权力范围内的技术操作、安全管理、质量管理等；受管理方监督控制，要及时向管理方汇报信息。

合作型业务团队的"事业部式"管理有以下特点：

一是责、权、利划分比较明确。"事业部式"管理较为突出的一点优势是实现权责分明，即管理方与专业化团队之间的权责划分细致明确，以及管理方和专业化团队在采矿、掘进、机电、后勤等业务进程的安全管理、质量管理、成本管理等方面的权利职能、责任义务边界较为清晰。

二是实施专业化分工管理。依据"分工"理论，一个人生产经营活动范围越小，就越专注于操作一个领域的工作，劳动生产效率也随之快速提高。同时，依据交易成本理论，如果专业化程度越深，则协调、监督、管控等交易成本越高，因此，每一家"事业部"都有自己的产品和市场，专注于自己的生产经营。当一家"事业部"专注于煤炭生产，而另一家"事业部"专注于煤炭加工时，比两者兼做的效率要高很多,两者分工既保证了专业化程度,又适当减少了交易费用。

三是权力下放,鼓励分权。事业部式组织机构的命令链集中在比较低的层级上,鼓励分权,将决策权至少下放一个层级,使管理方将更多的时间和精力放在战略决策和战略计划层面。在生产经营过程中,事业部有一定的自主权,遇到技术上或者管理上的问题时,如能够内部完美解决,则不需要上报给管理方。

第三,"专家式"服务。

专业化团队长年专注于煤炭业务的建造与管理,在专业技术、专业化队伍、生产经营管理等方面都有较为深厚的经验和较高的服务水平。相对于管理方来说,专业化团队是业务管理的"专家",并提供"专家式"的服务。所谓"专家式"服务,是指专业化团队在煤炭技术领域、业务管理建设以及后勤服务保障方面提供"专家式"的人力资源、"专家式"的技术方案、"专家式"的经验管理和"专家式"的服务理念。

"专家式"的人力资源。专业化团队能够进行具体的业务建设最重要的因素在于拥有"专家式"的人力资源,即"专家式"的脑力服务。专业化团队拥有高水准的人才和经验丰富的经历优势。专业化团队中高水平人才,如业务建设带头人,一般能统领整个业务建设,能负责主持和引导全面矿井建设工作,在矿井生产接续、工程技术、通防、环境保护、节能减排、安全质量控制等方面具有很高的技术专业水平和管理能力。同时,专业化团队成员主要集中于专业的班组和区队,是直接和井上井下作业、煤炭具体生产等打交道的基层组织。煤炭业务建设的班组与区队由于长年进行业务建造工作,在业务方面的学习能力、创新能力和实践能力提升较快,吸收较强,专业技能和素质较高,构成了专业化的队伍,是专业化团队进行项目建设的最基本且最重要的人力资源。专业化团队人力资源优势还体现于较完善的员工培训体系。专业化团队为更好地建设工程、提升行业领域内的知名度,会加大对企业员工的培训力度,实施岗前培训、在岗培训,有必要时实施脱产培训,延伸班组长和区队长的管理和技能素质,不断提升员工的业务操作水平和实际操作能力,不断壮大人力队伍和提升人力资源质量。

"专家式"的技术方案。专业化团队在煤炭业务施工之前，会集中人力资源和管理阅历，对煤炭开采、掘进等环节进行方案构建。如专业化团队依据煤层赋存的范围、深度及厚度进行总体设计和开拓部署，利用专业知识和专业的人力确定开拓开采方式及巷道与工作面的布置，或专业化团队按照矿井开采设计和行业技术规范进行自己所负责的采煤工作面及单项工程的施工设计。技术方案还包括整个业务建设内容中的总体策划，以及实施组织管理的策划和具体工作。煤炭业务管理中施工及交工前的其他工作等都以设计产生的文件方案为主要依据，是其他工作进行的重要前提。专业化团队的技术方案对管理方的项目工程建设有文件性指导作用，有些设计方案或方法需要管理方和专业化团队共同确定。

"专家式"的经验管理。专业化团队在煤炭生产经营管理过程中的很多业务建设是没有具体的理论基础支持的，而是以经验为基础、经过多年实践总结提炼出来的。它不是一般图书、电子图书、图纸、技术说明书等显性的知识，它是隐性的，表现为专业化服务工作实践中制定的规程、方案、措施、标准作业流程手册、在岗口授相传的培训知识、现场工作的图片或录像。这些经验是专业化团队实施项目建设中的无形的财富，涉及安全、质量、技术、合同、生产、经营等各个方面。在多年接连不断的业务建造与管理中，专业化团队已形成自己的经验管理体系，上至领导队伍下至班组区队都已经有了丰富的现场管理经验和运营操作经验等。大多数专业化团队在自己业务范围之内都成了这个领域的经验"专家"，为管理方提供"专家式"的经验管理，提供纯粹实际可靠的技术经验、安全管理经验、质量监管经验等，让管理方的煤炭业务建设少走弯路，节约成本，提高效率与安全系数。

"专家式"的服务理念。专业化团队在煤炭生产经营过程中为更加服务好管理方、实现煤炭业务安全高效的运营，一直秉持着"专家式"的服务精神。这种"专家式"的服务理念是一种安全理念。专业化团队所有的建设工作都是在安全理念指导下进行的，安全理念是专业化团队服务理念的根本思想。专业化团队在煤炭工程建设过程中时时刻刻都以安全为核心，构建安全价值理念、安全责任理念、安全管理理念、安全道德理念、安全生产理念、安全经营理念等全方位的安全理念体系，牢记安全重于一切、安全建设是第一要义，只有保障企业安全和业务安全，才能为管理方提供更好的服务。这种"专家式"的服务理念是一种创新理念。企业是最主要的创新主体，对于一个企业来说，创新是企业生存和发展的基石，是现代企业的基本特征。专业化团队应当以创新理念为驱动力，加强与管理方的交流沟通，在项目建设中实现技术和管理创新，以创新的思想理念去改进工艺流程，研发新技术、新方案和新的管理方式，不断提高业务建设的质量和速度。同时，专业化团队要提升煤炭建设中的自主创新能力，掌握煤炭开采和掘进等生产环节的先进核心技术，不断提高自己的创新实力。这种"专家式"的服务理念是一种和谐理念。专业化团队要始终树立以人为本的思想理念，实现双方关系和谐发展；要处理好员工与企业之间的关系，将员工的发展与企业的发展紧密相连，将自己的发展与管理方的发展紧密结合，就建设过程出现的相关问题积极与管理方沟通交流，塑造与管理方和谐友好的关系。这种"专家式"的服务理念是一种共赢理念。当管理方与专业化团队签约合同、确定双方的职责时，两者就建立了一种合作的关系，组成合作型业务团队，形成了共担风险、共享利益、一体化发展的局面。合作共赢的理念始终贯穿于专业化团队与管理方的关系建设过程中，专业化团队要将自己的利益与管理方的利益紧密结合，以安全高效、效益递增、一体化发展的思想建设煤炭业务，形成双方合作共赢的局面。

2.内部市场化运作

（1）内部市场化运作的内涵

内部市场化运作已然成为煤炭企业进行生产经营管理的重要方式。实施内部市场化管理是煤矿从落后的粗放式管理向现代化集约型管理迈进的转折点，是煤炭企业持续创新、安全、高效、健康发展的必由之路。

内部市场相对外部市场而言，借助了外部市场交易原则，将市场机制引入企业内部。内部市场化运作是指企业将市场机制，如利益机制、竞争机制、风险机制等，引入企业内部的生产经营管理，运用价值规律和价格杠杆，借助市场的自我调控能力，以经济结算关系和契约关系代替企业内部的分工协作关系或行政隶属关系，使企业内部各利益主体关系变为市场交换关系、内部经济主体的经济自由权利逐步增加、内部的资源配置逐步趋于合理，降低企业经营成本和经营风险，提高企业经济效益，实现企业本质安全。

基于上述定义，内部市场化运作就是将煤炭企业内部的各区队、各班组及各道工序用市场买卖的关系加以联系，使各区队、各班组及各道工序所提供的产品或服务转化为用内部价格所衡量的价值和为下道工序所认可的商品，实行有偿往来结算，以达到控制成本、提高经济效益的目的。专业化运营推动了管理方与专业化团队结算关系的变革，并将其加入了市场因素。而管理方和专业化团队内部市场化运作是指当双方形成合作型业务团队时，专业化团队与管理方以自愿、平等的原则，以商业合同的方式形成了市场结算关系，专业化团队接受管理方的监督、考核，双方是纯粹的经济结算关系。管理方和专业化团队通过专业化运营，实质上实现了内部市场化运作，即专业化团队按照有偿使用的原则同管理方签订内部有偿服务协议，建立模拟市场结算关系。双方以协议的方式规定工程的安全责任、费用、质量、所需要的时间等条款，明确双方的责任和义务。

（2）内部市场化运作的优势

第一，通过内部市场化运作，引进市场的利益机制、竞争机制、风险机制等，调动各主体及职工的积极性和主动性，最大限度地激活各生产要素。

第二，通过价格和需求关系变化，正确引导物资、资金、技术、人力等诸多要素的合理流动，使有限的资源得到更合理的配置，从而降低企业的经营成本、提高生产经营效率。

第三，通过内部市场化运作，理顺管理职能、再造业务流程、整合劳动组织，将传统的行政管理模式改变为市场链管理模式，依靠机制作用，使企业内部各级经营管理者和操作者的责、权、利实现相对统一。

第四，通过市场机制，使煤炭企业适应外部市场的变化，降低企业经营风险，提高煤炭企业的经济效益，同时推进煤炭企业内部的管理、技术、文化创新，推进企业改革和发展。

（3）内部市场化运作的原则

运用市场机制，调控交易双方的经济往来关系，由买方与卖方、提供服务方与接受服务方、下道工序与上道工序相互考核结算，将各交易方视为内部经营实体，充分调动其主观能动性，实现"四自经营"。

利益对称原则。交易双方按照内部市场化的运行规则规范运营，责任、权力和利益相对统一，实现公平、公正交易。

完全成本核算原则。按照直接成本、辅助成本的形式，将生产中所需的工资、材料、电费、租赁费、辅助服务费、影响时间、安全隐患等都列入各单位的成本核算之中，实行完全成本核算。

核算主体下移原则。按照分级核算、划小核算单位的方法，对各生产单位、专业化团队、机关科室进行核算，各单位核算内部收支，职工收入依据工作量和内部价格确定，逐步实现"日清、日结、日公开"。

量化细化管理原则。从区队到班组、从工序到个人，均实行量化指标核算。区队对班组以项目负责制为主要模式，班组对个人以标准工序为基本模式，将市场化管理机制延伸到班组，细化到工序，落实到个人。

专业化管理原则。企业通过各专业市场部来实现经营管理职责的下移，做实专业市场部，使其成为集专业管理、独立经营于一体的内部经营实体，实现责、权、利的有机统一。

（4）内部市场化运作的构建

市场主体是市场经济活动的主要参与者，是各项经济指标的载体。构建内部市场机制，最主要的就是要把基层生产、服务单位塑造成内部市场的主体，使以效益为中心的经营思想落实到基层。只有通过市场主体之间的相互竞争、利益上的相互制约，才能形成内部市场机制。按照主体工作性质的不同，可将内部市场主体划分为煤炭生产型市场主体、经营型市场主体、职能管理型市场主体和虚拟市场主体。其中，煤炭生产型市场主体是指以生产活动和辅助生产活动为主的内部市场主体,如采掘单位和相关辅助单位等;经营型市场主体,即以物资产品买卖,以提供劳务、物业、加工、修理等服务经营活动为主的市场主体,如非煤产业、物业管理、物资供应等单位。基于此,内部市场主体与生产型和经营型主体息息相关,既包括采煤、掘进、机电等一系列专业化团队,又包括后勤服务专业化团队等。同时,内部市场进行供求交易的过程中,上一环节和下一环节在内部模拟市场中进行交易,市场主体在内部市场中作为独立主体存在。推行内部市场化管理,要按相对独立性原则、以现行组织机构为基础的原则、全面性原则、整体性原则和多级主体延伸性原则确定市场主体单位,自上而下,构建纵向的管理方→专业化团队→区队科室→班组(岗位)的三级市场运行主体。

一级市场:管理方与专业化团队构成一级市场,实施合同定价。合同价格的确定主要包括煤炭生产方面的合同价格、煤炭加工领域的洗选合同价格、后勤服务合同价格。确定合同价格以编制的工序定额为基础,可分为四个阶段进行计算,具体包括第一阶段的工序预算金额的确定、第二阶段的工作面层次预算金额的确定、第三阶段的区队预算金额的确定和第四阶段的专业化团队的合同价格的确定。管理方可以根据专业合作类型,设立一级市场合作主体,如将负责煤炭生产运营工作的专业化团队设立为煤炭生产专业化团队,运营方式是以煤炭生产线为内部独立核算实体。一级市场是将这些专业化团队作为数据统计口径,以合同定价为基础、以区队为单元进行核算不同种类的合同价格,专业化团队同管理方之间建立起市场结算关系,实行有偿服务结算往来,双方以合同的方式规定工程的安全责任、费用、质量、所需要的时间等条款,明确双方的责任与义务。

二级市场:各专业化团队与区队科室构成的二级市场,实行"月清月结"。逐级对一级市场进行细分后确定二级市场的运行主体,在二级市场运行主体中间按照市场经济规律、利用市场调整的各项机制在各主体之间建立平等的合作关系,通过经济往来建立联系,逐步确定二级市场主体地位。在一级市场主体内把各区队科室划分为二级市场运行主体,由一级市场主体对其下达应完成的各项任务。各二级生产主体围绕任务内容组织生产活动，进行各项生产资料的内部交换，形成内部价值流，同时按照内部结算制度进行内部结算，从而实现资源的优化配置。其中，交易结算实行"月清月结"，即专业化团队以所属各区队月度预算业务量为基准，将确定的合同费用扣除本级成本项目预算及利润后，合理分配到各区队、科室中，实现二级市场主体之间的"月清月结"。二级市场内部结算价格主要包括员工工资、材料费、水费、电费、修理费等。

三级市场：各区队科室与所属班组（岗位）构成的三级市场，实行"日清日结"。三级主体是在二级主体的基础上的进一步细分，可能是二级主体中的一个工作单元，甚至仅仅是一个工作岗位、一个员工。根据煤炭企业的实际情况，将三级市场主体设置为各区队科室和所属班组（岗位）。划分三级主体的目的是在企业内建立起人人都是企业主人的经营理念。各三级主体根据具体的工作任务制订自己的工作计划和任务指标，由二级主体进行考核，实行"日清日结"。在三级市场中，各班组之间、各岗位之间、上下工序之间市场结算更加明细化，更加直观，市场的作用得到更直接的体现。职工在进行生产的时候，把对外部市场的直观判断（指一般的经济关系、经济规律）自觉地转化为操作行为，在各个价值活动上体现出来，换句话说，就是职工在工作中积极主动地运用经济的方法和手段来指导实践，其中最为突出的便是成本的控制。三级市场是内部市场中的最小单元，每个班组或岗位成了相对独立的经济实体，这些经济实体简单的买卖往来促成了内部市场的形成，使整个内部市场按照一定的市场机制运营，从而形成了企业内部市场管理的新思路。

综上，通过细分市场主体，可以使企业内部各部门的任务更明确、地位更清晰，各个岗位的员工都知道自己的权利、责任与义务，从而在企业与员工之间建立联系。同时，每个煤炭企业生产经营模式都各有特色，以上内部市场化主体的划分是煤炭企业生产经营管理下的一般形式，煤炭企业可依据自己的实际情况进行主体市场划分。

3.协同化发展

依据协同管理基本原理，可以将煤炭生产经营的过程看作一个管控系统，

GMI 理论体系运营指引整个管控系统走向有序状态。管控系统所包含的各个子系统和各要素相互作用和影响，部分已经存在的要素的作用一般能够激发或补充其他潜在的有利要素的作用。同时，各个子系统和各要素相互协作和配合，能减少不必要的内部损耗，使各自功能进行耦合，产生协同效应。例如，管理方和专业化团队是管控系统的子要素，管理方和各专业化团队存在着相互作用和合作协调关系，两方的协同可以激发创新要素的功能和潜在力量，技术上、管理上和文化上的创新可以帮助业务避免内耗损失。借助基本原理，协同化发展思想在煤炭业务管理中已得到广泛应用，是业务成功的关键因素。解决各要素之间的矛盾是协同化发展的任务。协同化发展可以使矛盾各方充分沟通相互协作，以保证合作业务顺利实施。

业务或工程各个阶段和环节中存在着种种协同工作，如子系统间协同、目标协同（成本、安全、工期、质量等协同）、过程协同（工程、阶段、环节、工序等协同）、组织协同（部门、岗位、工序等协同）、信息协同等。同时，按空间维度划分，可以将协同管理分为组织与环境协同、组织目标协同、组织与结构协同、生产与运营协同、技术与方法协同、文化协同等诸多类型。因此，依据上述原理和现阶段业务协同管理的现状，从协同主体、协同过程及协同要素三个方面来构建协同化发展模式。

合作型煤炭企业协同化发展主要包括三大方面：第一，管控主体实现协同化发展，主要体现于管理方与专业化团队协同化发展和各家专业化团队之间的协同化发展，总体概括为协同主体；第二，从业务建设来看，侧重于煤炭各个专业建设、生产阶段、工序等协同化发展，依据生产作业链的不同，分为纵向生产过程协同和横向生产过程协同，总体概括为协同过程；第三，从协同管理分类入手，探究煤炭企业相关要素之间的协同化发展，总体概括为协同要素，主要包括技术协同、管理要素协同及文化和谐。

（1）协同化发展的优势

第一，协同化发展克服了传统管理模式下的信息孤岛现象，实现各方主体在技术、管理、文化创新要素及管理专业间的信息共享，加强了各个单元之间的联系。

第二，协同化发展有助于实现煤炭生产经营流程上的相互衔接，降低煤炭生产成本，为安全生产奠定基础。生产各个环节的协同，最直接的效果就是使企业生产环节成本大大降低，生产效率得以提高，同样的投入能够生产出更多的煤炭产品和获得更大的价值。一方面，通过生产环节资源的优化配置直接降低了成本；另一方面，通过效率的提高也降低了单位成本。同时，生产各个环节有效合理的衔接能够及时发现和有效地消除生产环节的不安全因素，从而为企业生产发展提供有力的安全保障。

第三，协同化发展管理方式建立了管理方和专业化团队全面协同的工作环境，注重利益相关者之间的信息利用和协作效应，能够使管控主体从烦琐的管理事务中解脱出来，增加了管理的客观性、科学性。

（2）协同化发展构建

第一，协同主体。

在协同化发展进程中，管理方和合作型专业化团队及各个专业化团队之间存在着合作协调关系。如果各个参与主体能够有足够的积极性和主动性去协调自身的行动，且互相关联的单位、岗位间职责划分清楚，人员间实现有效沟通和互相协作，就会产生整体效应，达到"1+1>2"的效果。

在"三化"运营模式中，各方参与者相互影响、相互作用、相互协同，才得以实现总体上的有序结构。"三化"运营模式由不同专业的人员参与，由不同的部门集中管理，但在专业化使生产效率提高的同时，人员之间、部门之间存在着交集，易产生矛盾和冲突，合作型业务主体协同化发展是一个关键问题。实施主体协同化发展是指管理方与专业化团队和谐共赢，以及各专业化团队之间协作互助。

管理方与专业化团队协同。管理方和专业化团队就业务范围、业务建设期限、生产前准备、采煤、掘进、机电、洗选、后勤等各项活动，以及各项业务的成本、安全、质量、合同、技术等在事前、事中和事后相互配合，积极投入，互相协助，权责分明。管理方和专业化团队的协同化发展多体现于用合同管理手段进行约束。管理方作为主导者应当及时与专业化团队就业务管理事项进行沟通交流，跟踪业务建设进展情况，及时传达有效信息，提供相应的设施和资料。专业化团队需要认真完成业务工作，及时反馈业务信息给管理方，积极配合管理方的监督检查工作，了解管理方的信息指令，充分利用管理方提供的设备、资金、材料等。

专业化团队之间的协同。当管理方与多家专业化团队合作时，每一个专业化团队负责的业务会有所不同。专业化团队之间看似独立无关联，实际上，由于它们共同服务于一个管理方，各家专业化团队的项目建设成果会最终集中到管理方那里，形成完整的业务建设。同时，市场专业化分工越来越细化，很少有一个专业化团队可以负责所有的煤炭业务建设。为实现安全高效绿色的煤炭生产经营效果，管理方往往将一项集合的业务工作分割成几个部分，分别与具有生产运营、后勤服务、洗选等专业化实力和素质的专业化团队进行合作，每一个专业化团队之间都因服务于一个管理方、服务于一个总体业务链而存在着一定的关联和协作。例如，矿井生产组织管理的专业化团队负责的核心业务包括原煤开采、掘进、机电运输、一通三防等生产经营的基本工作，每一环节都构成矿井生产的重要组成部分，也是煤炭洗选业务开展的先决条件；在按部就班地完成基本业务后，才可进行煤炭筛分、洗选、成型和混合煤油及煤水等洗选加工工序；另外，负责后勤餐饮工作的专业化团队是其他专业化团队顺利开展相关业务的生产服务和生活服务的基础保障，为所有专业化团队提供餐饮、保洁、绿化、医疗等一系列基本服务，保障员工的身心健康。因此，各家专业化团队之间需要协同化发展。

总之，各类主体在执行自己的管理职能，在各司其职、各发其能的同时，应加强沟通交流，互相帮助，保持信息畅通，使业务衔接合理科学，剔除冗杂烦琐无用程序和环节，提升工作运行效率与质量，做到合作时总体所产生的价值大于各个部分价值的总和，达到"1+1>2"的效果。

在形成科学先进的管控主体网络的基础上，各参与成员所开展的工作都要围绕着一个战略目标进行，即安全高效绿色运营煤炭生产、加工、经营等业务。

理顺主体关系和坚持正确的前进方针,有助于推动业务管理逐渐步入标准化、科学化和系统化的运行轨道;有侧重、有主次、有缓急地开展各项管理业务,实行专业化管理,能够促使各类主体都围绕战略目标进行,保证目标的实现,获得最佳的管理效果,不断推进业务建设的技术创新、管理创新与文化创新。

第二,协同过程。

煤矿属于井工开采,煤炭生产过程由掘进、回采、运输、提升、排水、通风、供电等生产环节组成,最基本的生产环节是掘进和采煤,采煤必须掘进,掘进为了采煤。煤炭采掘协同化发展是指采煤与掘进之间相互协调和配合的关系。按照生产过程中采煤工作面不断地从一个地点转移到另一个地点的需要,合理安排相应的巷道掘进工作,做到采掘并举、掘进先行,是矿井正常、均衡、稳定生产的基本保证。如果掘进工程滞后采煤,不能按时准备出采煤工作面,将造成无采煤接续工作地点、生产被动、产量下降的局面,即"采掘失调";如果掘进工程超前过多,将造成巷道掘出后的长时间闲置不用,并要投入人力和物力维护,给煤矿生产增加不必要的开支,同时带来一定的巷道维护困难。因此,理顺好采掘关系、安排好采煤工作面接替和相应的巷道掘进工程至关重要。

另外,还要处理好与两大基本生产相配套的通风、排水、运输、供电等许多辅助生产的关系,保证煤炭生产活动正常进行。此外,井下条件错综复杂,煤炭生产易受到自然条件、地质条件、水、火等不可预测因素的影响,要协调好各方面关系,为煤炭生产提供安全保障。总之,无论是露天生产,还是地下生产,煤炭生产都是由许多基本生产环节和辅助生产环节组成的,并且工作地点时时刻刻都在变动,要使煤炭生产活动正常进行,需要协同化发展。

协同过程是指在煤炭业务建设过程中,煤炭各业务、各生产部门和生产环节、生产工序等协同进行,即采煤、掘进、运输等基本生产环节和通风、排水、供电等辅助服务生产环节内部协同,以及所有生产环节和工序之间的协同。将每个生产环节、每道生产工序等都看作价值链和作业链,环环相扣,有序生产,上一道工序为下一道工序做铺垫、服务,做到首尾呼应。协同过程,可分为纵向协同过程和横向协同过程。

纵向协同过程。煤炭纵向作业是指基于煤炭生产主要作业链的作业，包括从井下采掘开始直至原煤装车外运，或直至洗精煤装车外运为止，各主要采煤生产作业活动所发生的作业。纵向协同过程是指煤炭直接生产和运输、加工部门基于纵向作业的协同管理，协同运营构成煤炭作业的各个直接生产环节，有助于以合理的成本生产出满足消费者需求的产品。

横向协同过程。横向作业是指基于煤炭生产辅助作业链的作业，包括井下各采掘过程、环节及井上各煤炭运输、洗选、装运等过程、环节的辅助作业链上的各项作业活动所发生的作业。横向协同过程是指基于横向作业的协同管理，即基于煤炭生产辅助作业链各部门、各环节同相应的煤炭主要作业链各部门、各环节的协同。其目的在于通过辅助环节（部门）和其相对应的煤炭主要作业链各环节的协同，降低产品成本，加强安全保障。

第三，协同要素。

协同要素是指将整个煤炭生产经营的内容细化为多个要素，如技术要素、安全管理要素、成本要素、文化要素等，探究各个要素之间的关系，通过协同化发展激发各要素的优势与作用，进而达到协同效应。管控要素依据企业管理内容和业务管理模块，可分为技术要素、安全要素、成本要素、质量要素、文化要素等。总体来看，可将生产经营过程中的要素分为三大类，即技术要素、管理层面要素和文化要素。技术要素是管理层面要素和文化要素的重要技术支撑；管理层面要素内容广泛，主要包括质量、安全、成本等要素的相互影响；文化要素对整个生产经营过程具有价值引导作用。

（四）TMC 创新体系

1.TMC 创新内涵

（1）创新理念

党的十八大以来，以习近平同志为核心的党中央提出了创新、协调、绿色、开放、共享的新发展理念，为我们党治国理政开创了一个新的境界。其中，创新发展理念在新发展理念中居于首位，创新是引领发展的第一动力，创新发展要以人民为中心、以科技创新为核心，实现全面系统的创新发展。

我国提出的创新理念是拓展化的、系统化的、全方位的创新，宏观区域大至国家发展创新和社会创新等，微观涉及大众创业、万众创新、鼓励企业创新和个体创新等全方位各个方面的创新，即理论创新、制度创新、文化创新等。创新发展理念进一步指明，必须把发展基点放在创新上，形成促进创新的体制架构，塑造更多依靠创新驱动、更多发挥先发优势的引领型发展。这意味着创新已经成为我国未来发展的基点、核心和第一动力，我国的发展将在创新驱动下更多地向引领型发展转变。要着力培育发展新动力，优化劳动力、资本、土地、技术、管理等要素配置，激发创新创业活力，推动大众创业、万众创新，释放新需求，创造新供给，推动新技术、新产业、新业态蓬勃发展。

煤炭企业 TMC 创新体系秉持创新理念，以人为本，坚持技术创新、管理创新和文化创新，实施煤炭企业创新驱动战略。

（2）企业创新的概念

熊彼特和彼得·德鲁克都对创新进行了详细的定义，基于学者的研究成果，对企业创新的内涵进行界定。

"创新"可能是世界上第一次创新，可能是本国第一次创新，也可能是在某个行业内的第一次创新，还可能是某个企业在其小环境（如企业所在的城镇或社区）里的第一次创新或是对现有的产品、技术、管理等的创造性模仿。创新概念包含的范围很广，它包括了各种各样的以新的方式提高资源配置效率的活动。对于创新概念，有狭义和广义两个层次的理解。狭义理解的创新概念立足于把技术和经济结合起来，即创新是一个从新思想的产生到产品设计、试制、生产、营销和市场化的一系列活动。随着人们对现代社会的科学技术与经济发展、社会进步关系的研究的不断深入，产生了对创新概念的广义理解。广义理解的创新概念力求将科学、技术、教育及政治等与经济融会起来，即创新表现为不同参与者和机构之间（包括企业、政府、大学、科研机构等）交互作用的网络。在这个网络中，任何一个节点都有可能成为创新行为实现的特定空间。

创新行为因而可以表现在技术、制度或管理等不同的侧面。此处的"创新"融合了企业的思想，将范围界定在企业创新，结合了狭义理解的创新概念和广义理解的创新概念的精髓，即不同企业的参与主体的相互作用，而形成在技术上、管理上和文化上的创新，并且这里的企业创新还包括技术要素、管理层面的要素和文化要素通过上述"三化"运营模式实现的创新。

根据创新主体不同，创新可以分为企业创新、政府创新和个人创新等。企业创新是基本的、普遍的或者说典型的经济创新形态。经济学家曾指出，企业创新是指企业在生产经营过程中建立新的生产函数，或将各种积极要素进行新的组合的经济行为。由于要对各种经济要素进行新组合，会不可避免地引起有关方面的变革。因此，从更广泛的意义上讲，企业创新也包括形成新组合而引起或进行变革的行为，所界定的企业创新与此内涵一致。在市场经济条件下，企业已经真正成为创新的主体。首先，创新是一项与市场密切相关的活动，创新能给企业带来巨额的收益，因而企业会在市场机制的激励下去从事创新；其次，根据新古典经济学派的创新理论，创新是生产要素的重新组合，这种组合需要企业家通过市场来实现，这个作用是其他组织和个人无法替代的；最后，技术创新需要很多与产业有关的特定知识，它们是产业技术创新的基础。

通常将企业创新要素划分为技术创新要素与非技术创新要素。非技术创新要素主要由战略、技术、市场、文化、制度、组织要素等组成。技术创新要素一直是企业创新要素研究的热点。由此，企业创新管理的主要内容包括技术创新、管理创新、营销创新、制度创新和文化创新等。从业务管理角度来看，企业业务管理的内容主要包括采购管理、人力资源管理、成本管理、质量管理、安全管理、合同管理和风险管理。其中，质量、安全、进度和成本是项目工程管理的四大控制目标。结合企业创新管理和项目工程管理的内容，界定了煤炭企业的 TMC 创新范围，即技术创新、管理创新和文化创新。

第一，技术创新。

学术界对技术创新的定义进行了反复的讨论和争论，焦点主要集中在三个方面：一是关于定义的范围。狭义定义仅限于与产品直接有关的技术变动，广义定义则包括产品和工艺,甚至有人把非技术性创新也包括在技术创新范围之内,如组织创新、制度创新。二是关于技术变动的强度。有人主张只有技术的根本性变化才是创新,另一些人则主张既应包括技术的根本性变化,也应包括技术的渐进性变化。三是关于新颖程度。有人主张技术创新只限于"首次",另一些人则主张创新的扩散性应用(在世界上不算"新",但在某一国家或地区仍然是"新"的)也应当包含在内。

综上各种研究和讨论内容,技术创新是指一种新的生产方式的引入,这种新方法可以是建立在一种新的科学发现基础上,也可以是以获利为目的经营某种商品的新方法,还可以是工艺上的创新。所谓新的生产方式,具体是指企业中从投入产品到产出品的整个物质生产过程中所发生的"革命性"的变化或称"突变"。这种突变与在循环流转中年复一年的同质流动或小步骤调整不同,它既包括原材料、能源、设备、产品等硬件创新,也包括工艺程序设计、操作方法改进等软件创新。

对技术创新可以从不同角度进行分类,如按创新程度、创新对象、技术特性等进行分类。按技术创新中技术变化的强度分类,可将技术创新分为渐进性创新和根本性创新两类:渐进性创新是指对现有技术进行局部性改进所产生的创新;根本性创新是指在技术上有重大突破的技术创新。按创新的对象不同,可将技术创新分为产品创新和工艺创新:产品创新是指在产品技术变化基础上进行的技术创新;工艺创新又称"过程创新",是指在生产(服务)过程技术变革基础上的技术创新,包括在技术较大变化基础上采用全新工艺的创新,也包括对原有工艺的改进所形成的创新。按技术变动方式可分为结构性变动和模式性变动:结构性变动是指技术(产品或工艺)要素结构或联结方式的变动;模式性变动是指技术原理的变动。

随着经济的发展及科学技术的进步,煤炭开采技术不断地发展。在煤炭企业内部,有关技术设施设备及设备相关零件的改造与创新推动了煤炭生产技术的创新。在 GMI 理论模型下,技术创新从创新分类角度来看,属于渐进性创新、工艺创新和结构性变动,是对技术进行改造和优化、对技术和工艺等局部的改进、结构上的变动或优化，而不是突破性的重大技术创新或技术原理的大规模的变动。例如，提高以采掘为中心的提升、运输、通风、排水、供电等各生产环节机械化和自动化水平，简化环节；改革井巷布置和开采部署；改善井下生产条件和环境，利用计算机自动监测系统进行信息收集、监控和处理；选前排矸及洗选系统的工艺优化和创新等。

煤炭企业的技术创新是指管理方与专业化团队共同秉承合理有效整合利用煤炭资源，改进和优化煤炭生产工艺、生产作业、生产方式和生产技术等，保障煤炭生产运营安全高效绿色的理念目标的实现；加大人力、资金、物力等投入量，不断提升技术研发能力及煤炭产品的生产制造能力；通过煤炭资源开发过程中应用创新的知识和新技术、新工艺、新材料、新装备，在煤炭的回采、煤炭洗选加工、掘进、排水、运输、通风、防尘及安全等生产流程上进行优化与创新，提高煤炭生产效率及资源的利用率。

第二，管理创新。

管理创新是指企业把新的管理要素（如新的管理方法、新的管理手段、新的管理模式等）或要素组合引入企业管理系统的创新活动。它通过对企业的各生产要素（人力、物力、技术）和各项职能（包括生产、市场等）在质和量上进行新的组合，以创造出一种新的更有效的资源整合范式。这种范式既可以是新的有效整合资源以达到企业目标和责任的全过程管理，也可以是新的具体资源整合及新的目标制定等方面的细节管理。同时，企业都是在一定环境中生存的，环境的变化对企业提出了管理创新变化的要求，管理创新应是一种有能动性时间获得的反应，是管理者根据一定的目的并结合内外部实际而开展的，是有计划、有步骤的，而不是自发性随机活动。因此，管理创新是企业适应和应对环境变化的一种能动性措施。

结合上述定义可知，管理创新一方面是引入新的要素实现质和量的变革性创新，另一方面是为适应环境变化而作出的改进和调整。而合作型业务团队的管理创新也是基于这两方面内容。煤炭企业管理创新结合了业务管理的具体管控内容，是指狭义范围内对管理过程中的合同、质量、成本、安全等要素的创新，以及通过对标管理来寻找企业的不足和缺陷，以此对企业进行完善和改进。因为专业化团队的加入，管理方的管理内容不能只局限于原有的管理要素，应当依据环境的变化和新的企业的加入而进行调整与完善。合作型业务团队管理创新主要包括对标管理创新、合同管理创新、质量管理创新、成本管理创新和安全管理创新。

第三，文化创新。

企业文化的内容极其广泛，它包括很多方面，如企业的价值观、企业道德、企业文化使命、企业哲学、企业精神、跨文化管理，还包括企业制度、企业形象和亚文化等重要内容。企业文化关乎着企业的生存和发展，良好的企业文化可以为员工提供满意的工作环境，有助于提高员工的综合素质和在文化上的修养；同时还能加强企业的凝聚力，对企业的精神和道德方面起到至关重要的作用；还能改善企业的工作氛围，最终使企业的竞争力得到不断的提高。企业文化一般具有六大功能，即导向功能、凝聚功能、激励功能、规范功能、辐射功能和推动功能。

煤炭企业文化是煤炭企业在长期的生产经营实践中所创造和逐步形成，并为企业全体职工所认同和遵循的，具有本企业特色的精神和某些物化的标识。它包括价值理念、经营理念、企业精神、行为准则及蕴涵在企业制度、企业形象、企业产品之中的文化特色。

文化培育及发展的实质就在于文化创新。文化创新是指企业顺应外部环境变化并结合自身成长的需要，对文化进行更新和再塑造的动态过程。它为文化自身发展提供了动力，同时也满足了企业文化及社会实践发展的要求。文化具有时代性，一定时期的企业文化不一定适合企业所有时期的发展，即判断企业文化的标准是"合适性"。当环境改变之后，不再适合的企业文化只会对企业的发展形成阻碍，因此，根据变化的实际，企业文化也要作出相应的调整。与企业发展同步，需要在原有的文化上不断实现变革创新，使其适应新时代、新环境、新模式的要求，适应企业现在和长远的发展要求。

因此，煤炭企业文化创新是一种与时俱进的"文化革命"，要求煤炭企业文化顺应时代需求，适应新环境，不断实现变革，不断前进，满足企业和社会实践的实际需求，延续企业优秀的文化精神，引导企业员工凝聚在一起，营造向心力，使所有员工的目标都一致，都为矿井安全高效绿色发展而奋斗，增强企业核心竞争力。

2.TMC 创新体系结构

TMC 创新体系结构基于 TMC 创新内涵，结合"三化"运营模式，围绕"安全、高效、绿色"战略目标，由技术创新体系、对标管理体系、合同的协同管控体系、全面成本管控体系、全面质量管控体系、全面安全监管体系和企业文化体系构成。不同的体系创新的内容不同，但都与"三化"运营模式进行了充分的融合，为煤炭企业安全、高效、绿色运行提供了创新保障。

（1）生产系统优化及技术创新

企业通过选择更强大的专业化技术团队、内部市场化运作建立有效的创新激励机制、管理方和专业化团队协同化发展，来进行技术创新，以达到"技术优化、降本增效"和煤炭安全高效生产的目标。在"三化"运营模式的基础上，加大科技攻关力度，努力提升企业竞争力，在开拓布局优化、工作面参数优化、巷道断面优化等方面实现技术创新。通过运用先进的科学技术和经营管理理念，高效合理地整合采、掘系统各种资源，优化劳动组织，实现减面、减头、减人、降成本和增产、增量、提效。

（2）对标管理体系

对标管理是一个系统的、持续性的评估过程，通过不断地将企业流程与世界上居领先地位的企业相比较，以获得帮助企业改善经营绩效的信息。对标管理体系构建主要体现在对标指标体系构建的原则及对标维度的确定、对标指标的确定及解释、综合对标方法模型的建立和对标的实施。同时，确立了安全维度、高效维度和绿色维度，将安全高效矿井建设指标体系分为目标层、准则层和指标层三个层次。目标层主要从安全高效矿井要达到的目标进行设计；准则层包括安全、高效、绿色三个维度；指标层针对准则层的指标分类依据隶属关系进一步细化指标。

具体来看，煤矿的安全生产是安全高效矿井建设的前提基础。安全为天，实现本质安全是煤矿生产经营的首要目标。安全为煤矿的高效化开采、高能效利用、低破坏低扰动的绿色和谐发展提供基本保障。安全维度关注的重点内容以事故致因理论为导向，通过改善事故诱因，达到煤矿安全生产的目的。因此，安全维度主要包括安全质量标准化及风险预控管理体系评分、安全生产周期、百万吨死亡率、千人重伤率、事故直接经济损失和职业病发病率指标。

高效是指具有高的效率和效益。作为企业，除保证安全以外，追求高效益是企业的使命和核心目标，并且其可为安全高效矿井建设其他目标的实现提供重要支撑。高效化开采和高效率利用是实现安全高效矿井建设的主要途径，通过高效率来保证高效益。作为企业，在保证其他约束条件满足的情况下，高效益是其追求的主要目标，高效益也为安全水平、技术创新能力、环境保护水平、生态建设水平等的提高奠定了基础和条件，是实现安全高效矿井在经济上的核心目标。高效维度包括原煤生产人员效率、一次采全高采煤工作面效率、综合单产、掘进工作面效率、掘进工作面单进、采煤机械化水平、掘进机械化水平、设备故障率、生产管理信息化程度和营业利润率。

绿色是安全高效矿井建设得以可持续发展的根本要求。矿区生态因采矿等活动的加剧而失衡。煤矿区已成为人类生态干扰破坏程度最大的区域之一。绿色维度包括采区采出率、工作面采出率、原煤生产水耗、单位产品能源消耗、煤矸石综合利用率、矿井水利用率、瓦斯抽采利用率、工业废水及生活污水处理率和塌陷土地治理率。

（3）基于团队合作型合同的协同管控体系

团队合作型合同的管控模式是指管理方将企业生产活动中所涉及的业务委托给专业化团队，并与其签订团队合作型合同，以合同建立的关系为纽带，通过合同中规定的责任范围划分、费用管理、质量要求、人员组织管理、安全要求等内容对协同管控模式作支撑，对生产经营活动中的业务进行协同管控，以达到整个工程的目标协同、组织协同、过程协同，实现工程之间的优化组合与配置，进而产生一个在结构、功能等都远远超越原有管控模式的新的管控模式，从而提高管理效率，更有效地实现企业目标。团队合作型合同的管控模式主要论述了目标协同、过程协同、组织协同和内部纠纷协同。

目标协同是指用合同规定生产经营的工期目标、质量目标、成本目标、安全目标，并将四个目标作为一个整体统筹考虑，对目标各方进行平衡和协调，实现各目标的高效完成以及整体最优化。

过程协同是指按照合同规定各个业务的责任，为实现煤矿生产过程中各业务、阶段、环节、工序内部各要素之间的有效协同，而对其进行控制管理，以保证各流程的有序高效运转。

组织协同是指按照合同规定人员组织要求，实现各部门、岗位、人员的有效协同，使相互关联的单位、岗位间职责划分清楚，人员间有效沟通和相互协作配合，以使生产过程顺利进展，确保总体系统目标的实现。

内部纠纷协同是指合同双方对合同内容或者过程中其他原因出现的内部纠纷，通过采用协同管理，实现内部纠纷的预防和最小化处理，避免因为内部纠纷而导致的费用增加、产量不足等问题。

（4）全面成本管控体系

全面成本管控，区别于传统单一层级的成本管控模式，是指管理方对专业化团队以及专业化团队对其自身生产经营管理过程中发生的各项成本费用进行的双层次分层级的成本管理模式。分层级的科学管理，严格监督，实时调节和有效控制，调节已发生和将发生的偏差，把各项成本费用控制在预算的成本范围之内，保证了企业生产经营目标有效实现。其中，对各项成本费用的控制，不仅应包括对自身生产运营发生的成本费用的控制，还应包括对与专业化团队签订的各类合同成本的控制。

煤炭企业全面成本管控体系框架模型主要包括五大部分：全面成本管控组织架构、全面成本管控成本构成、全面成本管控的定额标准体系、全面成本管控价格体系、全面成本管控的成本分析和控制措施。全面成本管控组织架构为企业成本管控体系的领导核心，为煤炭企业降本增效指明方向；全面成本管控成本构成为企业成本管控的关键点，合理的管控对象、管控责任的划分为企业实现全面成本管控奠定基础；全面成本管控的定额标准体系的确定，为价格体系的制定提供了前提条件；全面成本管控价格体系的确定将成本要素的构成及管控方法联系起来，在成本形态分析的基础上，指明了成本管控的具体方向；全面成本管控的成本分析和控制措施为企业成本管控的精髓所在，精确的目标成本、科学的成本核算、有效的成本分析及控制、合理的成本考核及调整能够有效降低企业成本，实现企业利润的最大化。

（5）全面质量管控体系

全面质量是与产品相关的一切过程的质量，覆盖了产品的整个寿命周期，包括工作质量、服务质量、信息质量、过程质量、人员质量、系统质量、目标质量等。

质量管理是指管理方和专业化团队从煤炭的开采、掘进、机电、运输、通防、洗选和后勤等主要环节共同加强对煤炭生产质量和经营质量等全方位、全过程的管理。实施全面质量管控体系，从产品、工序来实现全面质量管理，通过不断提高煤炭质量来满足用户需求。承包过程中，双方在各个方面的工作都有可能对煤炭质量产生影响，因此要加强对煤炭企业运营过程中每个环节的管理。在此过程中，应建立起一套完善的全面质量管控体系，不仅强化煤炭质量管理工作的开展，还应以煤炭质量的改进与提高为主要工作内容，有效预防与减少不合格煤炭的生产与供应，以满足现阶段用户对煤炭使用的多方面需求。

通常情况下，煤炭的开采、加工工序越复杂，其出现质量问题的概率也就越大。因此，要确保煤炭的质量稳定、减少煤炭质量问题，就应强化煤炭勘探、测量、开采、加工、监控等各个环节的质量管理。对煤炭质量管理工作而言，全过程管理必须贯彻实施"预防第一"的客观要求，将管理工作的重点由单纯的事后检验上升为事前控制，以消除造成煤炭质量问题的各种质量隐患，形成一个稳定的煤炭生产运营系统；同时，也应将煤炭质量管理工作从对结果的管理上升为对生产运营过程与影响因素的管理。

（6）全面安全监管体系

全面安全监管体系是指一个组织从监督管理的角度建立的，以安全生产为中心、全员参与为基础，涵盖生产运营全过程的一套安全监督管理体系，目的在于使组织所有者、全体员工、合作伙伴或社会等利益相关方实现长期安全高效生产。全面安全监管体系具有全过程、全员性、全天候和全方位特征。

全面安全监管体系主要以"以人为本，坚持安全发展，坚持安全第一、预防为主、综合治理"为安全生产方针，以专业化分工和协同化运行为协同监管模式，建立以"611"安全理念体系、安全组织制度体系、安全管理控制体系、安全教育培训体系和安全班组建设体系为核心的五大安全体系。其中，"611"安全理念体系是由安全核心理念、安全管理理念、安全生产理念、安全行为理念、安全目标理念和安全培训理念，以及一个安全愿景和一个安全宗旨构成；安全组织制度体系主要包括安全组织结构、安全生产责任和安全制度建设；安全管理控制体系主要包括现场安全管理、"三违"治理、风险分级预控管理、隐患排查治理、安全质量标准化达标建设、安全奖惩和应急救援等；安全教育培训体系主要包括安全宣传、安全培训和标识文化等内容；安全班组建设体系主要包括班组制度建设、班组文化建设和"五型"班组建设三部分内容。

第二章　煤炭企业生产经营管理现状分析

第一节　煤炭企业生产营销系统

一、煤炭企业生产营销系统需求特点分析

（一）功能需求分析

功能需求分析提供了营销系统必须去实现的功能和必需的业务逻辑，这里结合营销系统的使用人员和煤炭营销的特殊性进行了综合性的分析。

1. 系统管理用例

系统管理模块包括组织机构管理、系统用户管理、菜单管理、公用字典管理、系统参数设置、用户登录状态管理、用户操作日志查询等各个子系统公用的模块。

其中，公用字典部分包括煤炭品种字典、矿别字典、港口字典、车站字典、发站字典、综合类别字典。

2. 系统管理功能列表

表 2-1　系统管理功能列表

功能名称	功能描述
组织机构管理	设定（集团）公司及各权属公司的组织机构关系
系统用户管理	分配用户职能，将用户与职能岗位关联

续表

功能名称	功能描述
菜单管理	展示系统用户接口
公用字典管理	初始化系统运行过程中需要的系统字典数据
系统参数设置	设定系统后台运行过程中可变参数，使系统可以根据参数的不同动态选择需要执行的流程
用户登录状态管理	查询当前在线系统用户的信息
用户操作日志查询	记录用户每次登录所做操作

（二）客户管理

客户管理包括下级客户信息维护、集团客户信息维护和客户合并。

客户管理是煤炭企业生产营销系统相关业务能够正常进行的基础，为各项业务的正常开展奠定基础。

1.客户管理系统用例

客户管理模块包括客户添加、客户修改、客户查询、客户合并和客户删除等。

2.客户管理功能列表

表 2-2　客户管理功能列表

功能名称	功能描述
下级客户信息维护	实现各权属公司录入客户信息，包括客户名称、简称、拼音码、注册地址、经营范围、税号、所属地区和所属行业等信息
集团客户信息维护	实现（集团）公司对客户信息的维护，除与下级客户信息维护功能中相同的信息外，还需要维护客户的分类
客户合并	各权属公司分别上报客户信息，难免存在信息冗余。本功能实现各自子集团公司之间冗余客户信息的合并，实现对客户的统一查询

（三）合同管理

合同管理包括合同维护、合同查询和合同删除。

合同维护功能，使得（集团）公司可以对下属各矿业集团的合同签署情况进行了解，同时为重点用户逐日发运等其他功能提供基础数据。下属各矿业集团的合同上传角色（或合同添加角色，以实际情况为准），通过本功能，将各自矿业集团的合同签署情况录入本系统，并对已录入的合同进行修改维护。

合同查询功能是为了使（集团）公司对下属各矿业集团的合同签署情况进行了解。

对于不再使用的合同信息，可以通过合同删除功能对相应合同进行删除操作。

1.合同管理用例

合同管理模块包括合同添加、合同修改、合同上传、合同查询、合同打印和合同删除等。

2.合同管理功能列表

表 2-3　合同管理功能列表

功能名称	功能描述
合同维护	实现（集团）公司合同和各权属公司合同信息的维护。包括合同添加、上传、修改、查询和打印等功能。合同上传功能实现指定格式的合同文档上传解析功能，比手工添加合同更方便
合同查询	实现（集团）公司相关负责人对合同信息的查看业务。合同查看时，可输入查询条件进行筛选查询
合同删除	实现相关负责人对合同信息的删除功能

（四）计划管理

计划管理包括地销计划、车运计划和港口计划。

地销计划，实现各权属公司或矿级单位根据各自的产、销、存情况填报地销计划。地销计划设置三级审批,可根据实际情况划分权限。地销计划包括地销计划上报、地销计划一审、地销计划二审、地销计划三审、地销计划批复查询等功能。

车运计划,实现各权属公司将月度要车计划提交到系统,(集团)公司负责人对提报上来的要车计划进行审核给出审批车数、审批重量。(集团)公司负责人将审核后的月度要车计划按时向铁路局申报。要车计划包括月度要车计划维护和要车计划审批等。

港口计划,实现各权属公司根据各自的集港装船情况填报港口销售计划。(集团)公司负责人对上报的港口销售计划进行审批。各权属公司根据批复完成的计划进行发运。港口计划包括港口计划上报、港口计划审批和港口计划批复查询等。

1. 计划管理用例

计划管理模块包括地销计划、车运计划和港口计划等各个子系统公用的模块。

其中,地销计划部分包括地销计划添加、地销计划修改、地销计划删除、地销计划审批、地销计划打印。车运计划部分包括车运计划添加、车运计划修改、车运计划上传、车运打印、车运计划删除、车运计划审批。港口计划部分包括港口计划添加、港口计划修改、港口计划删除、港口计划审批。

2. 计划管理功能列表

表 2-4 计划管理功能列表

功能名称	功能描述
地销计划	实现各权属公司或矿级单位根据各自的产、销、存情况填报地销计划。地销计划设置三级审批,可根据实际情况划分权限。地销计划三审后,(集团)公司负责人可根据市场情况和调度需要,分解月度计划制订日发运计划,指导权属公司地销发运。包括数据的添加、删除、修改、查询、一审、二审、三审、批复查询和统计打印等功能

续表

功能名称	功能描述
要车计划	实现各权属公司将月度要车计划提交到系统，（集团）公司负责人对提报上来的要车计划进行审核，给出审批车数和审批重量。（集团）公司负责人将审核后的月度要车计划按时向铁路局申报。包括数据的手工添加、删除、修改、查询、一审、二审、批复查询和统计打印等功能
港口计划	实现各权属公司根据各自的集港装船情况填报港口销售计划。（集团）公司负责人对上报的港口销售计划进行审批。各权属公司根据批复完成的计划进行发运。包括数据添加、删除、修改、查询、审批、批复查询和统计打印等功能

（五）数据汇总管理

数据汇总管理包括煤炭销售日报、重点用户逐日发送情况日报、铁路日运输请求车表、铁路日运输承认车表、铁路日运输装车表、铁路运输计划汇总表、产、销、存情况表（本月）、产、销、存情况表（累计）、煤炭调出情况表、商品煤销售预算计划完成情况（本月）、商品煤销售预算计划完成情况（累计）、合同用户完成情况统计表、煤炭产品销售收入价格月报（一）、煤炭产品销售收入价格月报（二）、港口集、装、存情况表（分品种）、港口及集、装、存情况表（分客户）、回款、应收、预收账款、贸易公司月报。

1.数据汇总管理用例

数据汇总管理模块主要是煤炭销售日报维护部分，主要包括煤炭销售日报添加、煤炭销售日报修改、煤炭销售日报统计查询、煤炭销售日报删除。

2.数据汇总管理功能列表

表 2-5 数据汇总管理功能列表

功能名称	功能描述
煤炭销售日报	实现各矿每日煤炭的产、销、存情况的维护工作。包括数据添加、删除、修改、权属公司查询、（集团）公司查询和统计打印功能。（以下各数据汇总报表均包括此功能）
重点用户逐日发送情况日报	实现重点用户逐日发送情况统计查询工作。包括年合同量、月合同量、本日车运、本日地销和本日港运量
铁路日运输请求车表	实现对各权属公司煤炭营销分中心，每日填报铁路请求车计划的功能。当客户需要用火车运输煤炭时，需要提前两天向铁路局提出申请，说明发运矿点、发站、客户名称、到站、请求车数等相关信息。该部分功能包括添加、查询、修改、删除等操作
铁路日运输承认车表	实现对各权属公司煤炭营销分中心提供每日填报铁路承认车的功能。根据请求车信息进行承认操作。包括全数承认、部分承认、添加无请求承认车、回退功能
铁路日运输装车表	实现对各权属公司提供每日填报实际装车情况功能。根据承认车信息进行装车信息填报。包括装车数信息录入、回退、查询操作
铁路运输计划汇总表	实现根据查询条件统计汇总指定日期的日运输情况，包括请求车、承认车、装车等数据。包括明细表打印和统计打印功能
产、销、存情况表（本月）	实现查询产、销、存的详细情况并以月为单位进行核计各权属公司指定月份的原煤产量、精煤产量、洗耗量、生产自用量、跨矿入洗量、总销量、车运、地销、内贸精、出口、转港、电煤、矿自销、库存情况，从而计算出该月的产销率
产、销、存情况表（累计）	实现查询各矿产、销、存情况，从当年的一月份到所选月份的累计数及该权属公司的累计总数
煤炭调出情况表	实现统计每月各权属公司煤炭调出情况，统计内容包括每月原煤产量、洗耗量、跨矿入洗量、煤炭调出量、煤炭库存量，其中煤炭调出量中地销和车运分别统计，并统计调出量中精煤量
商品煤销售预算计划完成情况（本月）	实现对商品煤销售预算计划完成情况的统计，以分品种和分运输方式对统销、自销的预算和实际完成情况进行汇总统计，最终计算小计和合计值

续表

商品煤销售预算计划完成情况（累计）	实现对商品煤销售预算计划完成情况表（月报）的累计查询。系统自动将1月至本月的数据累加计算
合同用户完成情况统计表	实现各权属公司对合同用户每月合同量完成情况的汇总统计，其内容包括客户名称、煤炭品种、年合同量、月合同量、本月实际完成量
煤炭产品销售收入价格月报（一）	实现对各矿各煤炭品种每月的车运煤与地销煤数量、单价、总金额信息的统计
煤炭产品销售收入价格月报（二）	实现对各矿每月的车运煤与精煤数量、单价、总金额信息的统计及本年累计信息的统计
港口集、装、存情况表（分品种）	实现对每月各港口不同品种煤的前存、集港、装船、账存、实存数的统计
港口集、装、存情况表（分客户）	实现对每月各港口不同客户的集港、装船数的统计
回款、应收、预收账款	实现对各权属公司每月煤炭回款、应收、预收账款情况的统计
贸易公司月报	实现对各权属公司的贸易完成情况的统计。包括贸易量、收入、利润等信息

（六）数据抽取管理系统

权属公司数据抽取模块实现对各权属公司原有的营销系统进行数据抽取接口的开发。使用数据共享技术手段，实现各权属公司营销数据及时上报至本系统中。根据笔者调研情况，各权属公司原系统可以实现电子表格的导出，并且部分不完备的数据也有人工制作的电子表格，而本系统可实现各权属公司通过人工手段采用固定报表导入的方式来上报数据。系统根据抽取的基础数据生成报表。基础数据主要包括检斤明细、产量库存、煤质化验信息等。

该部分包括数据上传、文件结构解析、文件内容解析、模板维护、数据对应、数据对应维护、数据汇总、数据汇总维护等功能。

1.数据抽取系统用例

数据抽取系统模块包括数据上传、数据对应、数据汇总等各个子系统公用的模块。

其中数据上传包括数据文件上传、文件结构解析、文件内容解析。数据对应包括客户对应、煤炭品种对应、港口对应、矿别对应、到站对应、发站对应。数据汇总包括检斤明细汇总、产量汇总、库存汇总、煤质化验汇总。

2. 数据抽取系统功能列表

表2-6 数据抽取系统功能列表

功能名称	功能描述
数据上传	实现（集团）公司或各权属公司基础数据的上传功能，数据以Excel文档的格式上传
文件结构解析	实现对指定上传文档进行文件结构的解析，即解析文档标题行，保存需要的数据至数据库中，首次上传保存为解析模板
文件内容解析	实现对上传文档根据指定解析模板进行文件内容的解析，解析完成的数据暂时保存在指定临时表中
模板维护	实现对已经保存的解析模板进行维护。包括修改、删除操作
数据对应	实现将各权属公司上传文件的信息与系统中的信息进行对应。系统中不存在相关的对应信息，则需要添加信息后再做对应。包括客户对应、煤炭品种对应、矿别对应、港口对应、发站对应、到站对应功能。在系统其他上传文件功能中都有用到此功能
数据对应维护	实现对已建立对应关系的信息进行修改维护
数据汇总	按照模板将各权属公司上传的数据文件进行分析汇总并进行整理，实现对各类报表各矿数据的统筹处理，使各权属公司上传的数据协调统一，以便生成各类报表。包括查询数据、汇总数据、删除重复数据功能
数据汇总维护	实现对汇总完成的基础数据进行维护。包括手工录入数据、修改数据、删除数据和查询数据功能

二、煤炭企业生产营销系统结构设计

1. 系统整体规划

采用成熟的、技术先进的、稳定可靠的、高效的及便于快速开发和维护的系统应用开发框架。充分吸收并利用 J2EE（Java 2 Platform Enterprise Edition，以下简称"J2EE"）新技术，提高开发效率、降低维护成本和交易应用风险，快速应对市场的不断变化，迅速满足客户日益增长的综合需求，真正达到"随需应变""随需而变"。

通过网络手段重组并扩展煤炭销售业务功能、服务方式和服务渠道，提供简便易用、个性化、差别化的服务功能，以满足管理需要。

（1）功能实现需求

根据笔者对需求调研的结果，将整个系统划分为系统管理、客户管理、合同管理、计划管理、数据汇总管理、数据抽取几个子系统。下面主要介绍系统管理、计划管理和数据汇总管理：

系统管理包括组织机构管理、职能岗位管理、岗位权限设置、系统用户管理、菜单管理、公用字典管理、系统参数设置、用户登录状态管理、用户操作日志查询功能模块。

计划管理分包括地销计划、车运计划、港口计划三个子模块。

数据汇总包括煤炭销售日报、重点用户逐日发送情况日报、铁路日运输请求车表、铁路日运输承认车表、铁路日运输装车表、铁路运输计划汇总表、产、销、存情况表（本月）、产、销、存情况表（累计）、煤炭调出情况表、商品煤销售预算计划完成情况（本月）、商品煤销售预算计划完成情况（累计）、合同用户完成情况统计表、煤炭产品销售收入价格月报（一）、煤炭产品销售收入价格月报（二）、港口集、装、存情况表（分品种）、港口集、装、存情况表（分客户）、回款应收预收账款、贸易公司月报功能模块。

（2）时间延迟特性要求

一般录入查询响应时间控制在 5 秒之内；一般统计查询控制响应时间在 10 秒之内；复杂统计查询和统计分析响应时间在 30 秒之内。

（3）精度要求

金额一般精确到小数点后 4 位，特殊情况下精确到小数点后 6 位；质量、重量精确到小数点后两位；日期精确到日；时间精确到秒。

（4）灵活性

各个矿只能查询和维护本矿的数据；各权属公司只能查询和维护本权属公司及下属矿业公司的数据；（集团）公司能查询所有权属公司数据；字典类和公用数据的维护（例如客户信息）只能由（集团）公司相关人员来做，然后下发到各权属公司各矿使用。针对每个功能的操作都具有历史记录，要具有可追溯性。

2. 系统整体结构设计

系统整体结构设计应包括以下主要组成部分：

（1）网页服务器

在网页服务器上实现：第一，安全证书的认证和安全连接的建立；第二，主页或门户网页；第三，通过对后台数据的渲染，在 HTML（Hyper Text Markup Language，超文本标记语言）页面上显示出相关信息；第四，通过网页服务器插件连接应用服务器。

（2）应用服务器

系统所有业务功能应用实现经过统一打包后部署在 J2EE 应用服务器之上：第一，进行必要的安全校验、指纹身份认证、交易流程合法确认等；第二，提供煤销系统的应用逻辑；第三，存储交易信息及其他必要的信息；第四，通过 API（Application Program Interface，应用程序接口）接口实现与其他系统之间的通信联系。

（3）数据库服务器

系统中的数据库的主要作用是完成用户对数据的各种请求，具体包括：第一，各类系统参数和公共信息的存储；第二，交易数据的存储；第三，其他类型数据的存储。

数据的存储由数据库服务器和磁盘阵列协同完成；在系统内的关键核心数据需要进行独立的加密处理，保证数据的安全。

（4）防火墙

在应用区域设置物理防火墙，通过防火墙的控制，提高系统安全性。

（5）入侵检测

通过对请求封包及网络节点中的探针来判断是否为攻击性质。

（6）网络防病毒

在服务器上安装防病毒系统，防止病毒攻击。

（7）漏洞扫描

定期确认系统是否存在漏洞或者使用第三方的防护软件。

第二节 煤炭企业生产经营管理存在的问题

一、煤炭生产开发存在的主要问题

（一）煤炭生产规模大，资源永续保障不足

我国煤炭资源总量较丰富，但人均占有量低。在片面追求经济效益和高产高效指标作用下，部分大型煤矿存在"采肥丢瘦"问题，加上小煤矿乱采滥挖，破坏、浪费资源现象较为严重。据不完全统计，全国矿井资源回收率平均不足40%，资源富集地区的小型煤矿仅为10%～15%。在目前的开发和利用方式下，煤炭资源难以保障经济社会长远发展的需要。

（二）煤炭资源与水资源，生产与消费逆向布局矛盾突出

晋陕蒙宁甘新煤炭资源丰富，是我国煤炭主产区和主要调出区，但水资源极为短缺，煤炭资源大规模开发与水资源短缺的矛盾越来越突出。

中国煤炭资源主要分布在秦岭—大别山以北的北方地区，超过全国煤炭资源量的90％，且集中分布在山西、陕西、内蒙古三省（区），占北方地区的64％。秦岭—大别山以南的南方地区占全国煤炭资源量不足10％，且集中分布在贵州和云南两省，约占南方地区的80％。中国经济比较发达的东部十省市（包括北京、辽宁、天津、河北、山东、江苏、上海、浙江、福建、广东）保有资源储量仅占全国的4.3%。我国淡水资源较贫乏，人均占有量仅相当于世界人均占有量的1/4，而且分布极不均衡，秦岭—大别山以北地区面积约占全国的50％，而水资源仅占全国总量的21.4％，特别是太行山以西煤炭资源富集区水资源总量仅占全国的1.6％。

（三）煤炭产业集中度低，市场秩序不规范

我国煤矿企业数量多，平均规模小，缺乏一批对全国煤炭供需平衡和市场稳定具有明显调节能力的大型煤炭企业。我国煤矿点多面广，组织结构过于分散，煤价高时大家拼命出煤，不顾安全生产，煤价低时竞相压价，安全投入得不到保证，国家宏观调控难以奏效。此外，煤炭产业集中度过低，还使得煤炭企业和煤炭运输企业、主要用煤企业难以做到对等谈判和公平交易，不利于产业之间协调发展。

20世纪90年代以来，主要产煤国家煤炭企业通过大规模收购、兼并和重组，产业集中度快速提高，对保障国内煤炭稳定供应起到了非常重要的作用。

（四）煤炭科技发展滞后，整体技术水平偏低

我国煤炭科技发展虽然取得了较大进展，一批煤矿的主要技术经济指标达到或处于世界领先水平，但同时也存在大量生产能力落后的煤矿，整体技术水平偏低，数量众多的中小煤矿仍然采用落后的煤炭开采技术，装备差、效率低。

一些共性关键技术研究投入不够、国产重大装备可靠性低、适合小型煤矿开采的技术装备严重不足、煤矿主体专业技术人才严重短缺等问题，很大程度上制约了煤炭工业的科学发展。

先进制造技术、自动化控制技术、信息网络技术等高新技术在世界煤炭生产中得到了广泛应用，煤炭开采主要采用先进的综合机械化、自动化大型装备，矿井数量大幅度减少，劳动工效快速提高。

（五）安全基础薄弱，安全生产形势依然严峻

煤矿安全管理基础薄弱，整体上安全投入不足，重大灾害防治技术创新能力不强，抵御自然灾害能力不足，部分煤矿不具备安全保障能力。"以人为本、安全发展"的理念在一些地方和部门、企业没有真正树立，部分煤矿企业安全生产主体责任不落实，重生产、轻安全的意识依然存在，存在管理技术手段落后、现场管理混乱、安全技术措施不到位、隐患不能及时整改、企业安全诚信缺失等问题，对事故的总结大多停留在事后总结教训的被动管理模式上。执行安全规程规范不严格，瓦斯、水害等重大灾害防治措施不落实，安全保障能力低，重特大事故多发态势没有得到有效遏制。

20世纪70年代以来，随着世界主要产煤国家法律法规不断完善、开采技术和方法不断进步以及机械化程度不断提高，煤矿安全状况明显改善，事故死亡人数不断降低。

（六）资源综合利用程度低，矿区生态环境压力大

近年来，煤炭产量增长很快，高强度的资源开采带来地表沉陷、地下水和地表水体影响、土地占用等问题越来越突出。"三废"和共伴生资源综合利用优惠政策落实不到位，影响煤炭企业发展综合利用的积极性，煤矸石、矿井水、瓦斯以及与煤伴生矿产等资源综合利用滞后，行业污染治理技术水平不高，加剧了矿区生态环境恶化。未来一段时间，煤炭产量还要增加，且新增部分主要集中在西北地区，当地环境容量和生态承载能力更加脆弱，资源开发与环境保

护矛盾日益加大。

世界主要产煤国家推行煤炭开采与环境保护并重的战略，从法律、经济和行政等方面加大调控力度，实现了煤炭生产与环境治理的协调发展。

二、煤炭物流运输存在的主要问题

煤炭资源的分布和消费情况决定了我国煤炭的调运量巨大，这意味着煤炭物流行业将具有广阔的前景。但受历史体制等因素影响，目前我国煤炭物流发展中仍存在不少突出问题。

（一）缺乏现代物流管理的理念

随着经济全球化推进和市场竞争的激烈，国内外大多数企业都采用归核化的发展战略。具体内容就是企业采用集中资源、培育核心能力，力争将企业的主要经营项目做大做强，从而将核心业务以外的业务，比如物流等尽量采取外包或企业战略联盟的方式剥离，通过整体优势来参与到市场竞争中去。但我国一些煤炭企业既怕失去对采购和销售的控制权，又怕额外利润被别人赚取，因此都自建物流系统，不愿向外寻求专业物流服务。

在一定程度上，煤炭企业实行产运一体化的自营物流模式是具有先天优势的，如可以有效控制物流过程等。但是煤炭物流节点多、路线长、作业场所变动频繁，需要建立庞大的物流网络和现代化的物流运作体系，而这些条件煤炭企业往往并不具备，因此煤炭企业自营的物流在效率方面普遍较低。此外，国内大部分煤炭企业都将竞争的重点放在生产领域中，具体包括资源扩张、降本及提高劳动生产率，对于非生产领域的煤炭物流，其活动一直处于附属地位。它将采购、仓储、运输、装卸、包装、配送及售后服务等物流中的各个环节分布在不同部分，并没有将其纳入煤炭物流的统一运作及管理中去，这必然使得企业在物流方面虽然给予更大投入，但效果却不明显。

（二）粗放的物流管理方式使得物流费用居高不下

当前，中国煤炭物流配送领域正处于起步发展阶段，煤炭企业在物流配送中存在着用料急而多、临时性计划多、管理方式粗放等现象。具体表现在企业对配送资源的整合力度不够，路线不够科学，车辆配载不够合理等。同时，由于煤炭物流市场本身就比较混乱，管理上漏洞百出，煤炭行业物流的费用得不到有效降低。

（三）煤炭物流技术手段落后

受新旧体制更替及技术手段落后的影响，很多煤炭企业在供应、生产及销售环节存在很大的脱节现象。物资采购手段、方法落后，规范性较差；库存管理依旧采用传统的储备资金管理方法，对于实际的库存动态无法及时准确地把握；另外，因各种运输方式在标准上不够统一，无法互相兼容，联运装载率、仓储空间利用率受到很大的影响。

同时，在煤炭物流企业中，由于技术水平普遍较低，很多企业虽然实现了信息化，但物流信息系统的建设却比较落后。在库存管理、信息服务、物流方案设计及成本控制方面都缺乏深入研究，致使企业对个人电脑、专家系统及条码扫描等常见管理手段的应用率比较低，物流企业和客户不能充分共享信息资源。其中一个突出的技术缺口表现在装卸、换装、搬运、承接等物流信息的即时传递与处理。

（四）煤炭物流过程污染和损耗较为严重

大部分煤炭企业，目前煤炭物流采用的主要模式依旧是高污染、低效率的传统物流运营方式。在煤炭的整个运输、中转及配送过程中，对环境的污染及资源的浪费都会影响相关企业的经济利益，同时，资源浪费及环境污染对社会经济和人们健康在未来也会有无法估计的影响。

以煤炭铁路运输为例，由于运输列车通常是敞车组成，在高速运行过程中，列车会产生气流，沿线煤尘的飞扬，不仅带来煤炭的浪费，也会使得运煤列车在和客车相遇时因为气流刮起煤块,很可能会带来旅客安全问题。由于煤尘是酸性的,在经过的沿线地区,煤尘落在建筑、交通线、农作物上都会影响铁路沿线周边人民群众的健康,对沿线农作物的生产造成更大程度的破坏。对客车的污染则是造成车厢内空气浑浊,使旅客身心健康也受到影响,降低铁路客流的运输质量。

现阶段,我国大部分煤炭企业及第三方物流部门依旧只能实行分段或单项的物流服务。这就造成了煤炭物流行业的业务范畴至今停滞在传统的储存和装卸业务,而有关加工和配货等相关增值服务很少见,因此,也就始终不能形成完整的物流供应链。另外,在通信技术飞速发展的今天,依旧有许多煤炭物流企业采用的是传统信息传递及控制方式,对于国际物流监管、订货管理及存货管理等服务,在工作水平及服务效率上很难满足客户的需要,也就很难实现现代物流的高效、快捷、准确的目标。

目前的煤炭分销物流在配送方面主要是以送为主,实行分货、配货、配载、配装一体化服务的物流企业还非常少见,这反映出企业的流通加工能力总体水平都比较低。即使部分企业拥有了某种程度的加工能力,但是加工范畴仍然较小,能力很低,能把加工和配送结合在一起用于实践的企业还比较少见。可以看出,煤炭物流行业配送的集约化程度仍然很低,无法在优化路线、提高配送效率、合理使用物流设备及节省配送费用等方面形成规模效应。

由于我国煤炭物流业还处在起步阶段,很多煤炭生产企业没有认识到煤炭物流在减少成本、提高效益、增强企业竞争能力等方面的积极作用,物流人员配备不尽合理,加之物流设施设备落后、老化,导致物流企业自身的服务意识不强、服务水平低,难以满足客户的需要。

三、煤炭市场供需失衡的问题

（一）国家能源战略影响

近年来，我国宏观经济发展趋势向好，尤其在党的二十大之后，全国深入推进能源革命，扎实建设新型能源体系，实现我国能源产业的纵深发展。当前我国已经建成横跨东西、纵穿南北且覆盖全国的能源输送网络，各类能源的自给水平达到八成以上，而各类新型绿色低碳能源也实现了跨越式升级发展。风电、光伏发电量实现突破，煤炭清洁高效利用水平居世界领先位置。我国能源产业链整体现代化水平全面提升，当前我国推进煤矿智能化建设，直接影响煤炭市场供需，以往供需关系紧张的问题得到有效缓解，全国煤炭市场增产增供，推进社会经济发展，保障人民群众正常生产生活。

（二）供给侧结构性改革的影响

我国经济等各领域从高速发展逐渐转化为高质量发展，引发市场需求问题，对煤炭价格影响更为严重。一方面，我国煤炭产量逐年提升，经济因素对煤炭价格影响逐渐减弱，甚至造成煤炭市场供大于求的情况，很多专业学者将其认定为"产能过剩"。另一方面，我国煤炭市场的供需缺口问题持续增大，全球煤炭产能供应紧缺，煤炭市场价格持续上涨，进一步引发了市场供需失衡问题。

（三）煤矿产能及市场供应的影响

我国一直针对煤炭能源进行产能调查，2022年之后，我国煤炭市场消费量实现高速增长，煤炭行业违规产能及产量逐渐退出市场，再加上我国推行新修订的安全生产法，针对煤矿超能力生产现象进行重点打击。在长期高强度监管影响下，煤炭产量增长的潜力受限。

从市场因素角度来看，我国很多煤炭直接供应下游的发电、供热企业，长期执行协购价而非电热企业的采购价。长协煤在我国煤炭整体供应体系中占据80％以上，可以说此类直接供应发电或供热企业的煤炭是市场的稳定要素，能够最大程度减少煤炭价格的大幅度波动。2022年，我国针对煤炭市场价格形成机制进行完善，规定长协定价机制要素，实施履约巡查，除了保供之外，其他用户需要在煤炭市场抢购，正因如此，市场供应水平与煤炭整体产能会对煤炭价格和供需水平影响较大。

四、煤炭企业财务管理存在的问题

（一）财务管理环境和体制不完善

企业财务管理环境包括外部环境和内部环境两个方面。外部环境的构建主要依赖于政府政策的制定和相关机构的支持，而内部环境的构建主要取决于企业自身制度的建设。中华人民共和国成立以来，我国煤炭企业的发展，一直离不开国家计划经济的指导和推动，在高度集中的计划经济体制下，国家对企业实行的是"高度集中、统收统支"的财务管理体制，使得煤炭企业长期以来财务和会计工作高度统一，没有分设财务和会计机构，机构运行具有高风险性和低效性。受计划经济条件下企业管理模式的影响，一些煤炭企业仍没有形成一整套动态的财务管理体制，致使财务控制机制不健全，财务分权不合理，缺乏对财务状况的有效控制，形成了财务和会计相混的局面。

由于所有权与经营权的分离，致使投资者和经营者的目标不统一，少数经营者片面追求自身利益的行为也容易对企业总体利益带来不利的影响。少数企业经理利用手中的权力，转移、侵吞公司资产，或者在利益的驱动下，人为隐瞒或虚报收入和利润等，导致财务信息失真。煤炭企业缺乏长期有效的财务约束和激励手段。

（二）企业财务管理意识薄弱

企业对财务管理的重要性并不真正了解，简单地认为"财务 = 会计 = 记账 + 报表"。因此，财务分析和控制制度在这些企业里几乎是空白。一些煤炭企业习惯以静止的观念进行财务管理，受计划经济条件下企业管理模式的影响，没有形成一整套动态的财务管理模式，始终未能实现对财务状况的有效控制。在资本市场不断完善和发展的今天，大多数煤炭企业拘泥于传统财务管理的思维定式，不能把财务管理效果与企业资产市场价值联系在一起，往往只满足于资产账面价值的增加，而不了解资产市场价值的增加才是财务管理效果的真正体现。

（三）企业信用管理及财务风险管理意识差

绝大部分煤炭企业不重视企业信用在财务管理中的作用，缺乏债务风险管理意识，致使一些煤炭企业对外欠款数额巨大，影响了企业的正常生产周转，从而影响了企业自身形象，造成了信用危机。信用是财务管理中必须遵循的职业道德和规范，信用危机会阻碍企业的发展，形成恶性循环。部分大型国有煤炭企业不懂资本运营，财务风险意识薄弱，不能正确评价企业自身资本结构情况，盲目进行投资、融资活动，使企业背上了债务包袱，出现了财务风险。在市场经济环境中，一个缺乏信用意识和财务风险意识的企业不可能站稳脚跟。

（四）财务信息化水平不高与财务人员信息利用能力落后

煤炭企业的财务管理信息化水平有了很大的提高，传统的手工记账、算账及报账已被现代化的电子计算机工作取代，财会人员从繁重劳动中得到解放，但通常只满足于一般的记账与财务指标的考核，在利用系统进行统计和会计信息的收集、分析上则认识不足或难以胜任。对企业资源计划系统（Enterprise Resource Planning，以下简称"ERP"）的利用还处于低端水平，无法有效整合量化宏观经济信息，在财务信息上对企业决策的支撑能力明显不足。如何利用财务信息系统，分析煤炭行业在市场结构中的地位、煤炭产业的政策走向、各煤炭企业所占有市场份额等，从而为企业在未来的市场竞争中赢得先机和主动，是煤炭企业财务人员要认真思考的问题。

我国现有煤炭企业财务机构的设置大多数是金字塔形，中间层次多，效率低下，缺乏创新和灵活性。这一切与知识经济时代的要求相去甚远，严重妨碍了信息化、知识化理财的进程。煤炭企业普遍对财会人员重使用轻培养。财会人员满负荷地工作，只能被动地处理日常事务，很难有时间和精力主动钻研深层次的管理问题，对介入财务管理心有余而力不足；财务管理人员的理财观念滞后，理财知识欠缺，理财方法落后，习惯一切听从领导，缺乏掌握知识的主动性，缺乏创新精神和创新能力。

（五）成本效益观念欠缺

煤炭产业是我国国民经济的"瓶颈"产业，中华人民共和国成立后，国家一直对煤炭企业关爱有加，而且在计划经济体制下，煤炭服从国家计划调拨，基本不存在竞争的压力，所以煤炭企业的日子一直比较舒服。再加上我国煤炭企业利润的获取通常是建立在增加煤炭开采量，进而增加煤炭销量的基础上的，煤炭行业仍以粗放式经营为主。在这种形势下，煤炭企业会计人员因循守成、得过且过的懒惰风气蔓延，成本工作普遍被忽视，企业上下普遍缺乏成本效益观念。

（六）企业资金短缺，周转困难

煤炭企业资金周转速度慢，流动资金短缺，这是普遍而突出的问题。首先，煤炭企业流动资金来源单一，企业增资能力后劲不足。其次，存货周转期长，运转效率低。而公司要保证生产经营的正常进行，大量举债，影响企业的生产和发展。

（七）不重视宏观经济环境和金融形势的影响

在经济全球化的今天，任何宏观经济环境和金融形势的细微变化，都会对企业财务状况带来不可抗拒的影响。煤炭企业也不例外。如果看不到国家宏观经济政策调控对煤炭产业发展的影响，以及世界市场对国内煤炭企业的冲击，其后果是难以想象的。

第三节　煤炭企业生产经营管理问题的解决路径

一、加强煤矿生产安全建设

（一）煤矿安全生产标准化管理体系建设

1.强化培训提升素质

第一，严格落实企业、部门、班组三级培训管理机制，把安全生产标准化学习列入全员培训内容，实现全员参与、全员培训、全员考试，保证安全生产标准化培训工作"纵到底、横到边"。

第二，专人负责安全生产标准化的学习推进工作，积极开展学标准、找差距活动。

第三，利用各科、室、区、队日常班前会、班后会进行标准条款学习，根据员工文化层次和岗位要求，有针对性地进行安全生产标准化培训；部门每月进行考试，成绩与工资奖金挂钩。

第四，抓好班组安全生产标准化知识培训，班组长定期组织本班员工根据岗位要求对标学习，相互交流、相互促进；通过班组"学中干、干中学"，循序渐进的方法，达到"上标准岗、干标准活"目的，最终实现岗位达标。

2.完善管理制度

第一，制定系列考核管理办法、制度，做到各级人员标准清楚，责任明确，措施得力和责、权、利统一，细化覆盖各部门安全生产标准化所有工种、岗位的工作标准、质量标准，完善部门工程质量验收制度、奖罚制度，把安全生产标准化工作与各单位工资挂钩，明确"谁施工、谁验收、谁负责"的安全生产标准化责任追究制度。

第二，安全生产标准化软件资料管理与现场管理工作同步进行，对照标准条款，结合精细化管理要求，针对不规范、不清晰、不真实的软件资料进行重新规范，确保软件资料充分有效，适宜可追溯。

3.夯实标准化基础设施

围绕现代化矿井建设目标，积极引进先进成熟的安全装备和技术，对安全监测监控系统、防尘系统、瓦斯抽放系统、运输系统、采掘系统、供电系统、地面设施等方面进行完善。实现地面设施、井下巷道、硐室及采、掘面的美化、亮化，推动安全生产标准化工作从注重形象达标向开展基础工作的转变，为安全生产标准化上台阶打下坚实的基础。

4.加大专业标准化建设力度

（1）安全风险分级管控

完善安全风险分级管控体系工作制度，修订年度辨识报告，明确安全风险的辨识范围、方法，以及辨识、评估、管控工作流程，采用"1+4"模式开展一次年度辨识评估和四项专项辨识评估，重点对瓦斯、水、火、煤尘、顶板、机电、供电及提升运输系统等容易导致群死群伤事故的危险因素开展安全风险辨识。

通过作业条件危险性评价法对辨识出的安全风险进行逐项评估，实行安全风险分级管控、分类建档，定期对重大安全风险管控措施落实情况进行检查分析，持续改进完善管控措施。

（2）事故隐患排查治理

推动"排查、登记、治理、督办、验收、销号"程序的流程化实施，创建事故隐患分级管理、分级治理、分级督办、分级验收的全时段、全区域、全岗位、全过程的跟踪管理模式，从单一的主抓隐患整改结果，转变为自主排查、措施制定、现场整改、监督落实等全方位、全过程的管控，提高事故隐患整改的速度和整治力度。

(3) 通风管理

严格按照通风标准,确保矿井风量满足需要。制定瓦斯治理综合防治措施,加强采、掘工作面瓦斯治理工作。主要包括:第一,成立专业领导小组,探索瓦斯涌出规律,创新瓦斯治理办法;第二,充分发挥瓦斯抽放系统的作用,加大综采工作面高位穿层钻孔和本煤层钻孔的施工力度;第三,掘进面坚持使用大口径风筒、大功率局扇,防止瓦斯超限;第四,制定专门措施,确保通风设施完好,各用风地点风流稳定、可靠;第五,优化通风系统,综采工作面采用"U型"通风系统;第六,进行注浆、注氮、一氧化碳监测,配备防灭火分析化验装备,运用综合预防措施提高矿井煤层自燃的预测预报能力。

(4) 地质灾害防治与测量管理

地质灾害防治与测量管理主要包括:第一,制定下发矿井年度采掘计划、年度矿井灾害预防和处理计划、矿井防治水工作计划、探放水"一面一策、一矿一策"的安全技术措施,完善水害预测预报制度、超前探测管理制度、地测资料技术报告等一系列管理制度;第二,深入开展煤矿防治水"三区划分"管理工作,充分利用物探、化探、钻探等手段,做好相邻采空区积水、上层积水及隐蔽致灾隐患的探查工作;第三,对照标准要求,规范井上下各种控制测量工作,及时下发停掘、停采、贯通、挂线通知单,按时填绘图纸。

(5) 采煤管理

采煤工作面安全生产标准化包括:第一,加强回采工作面液压支架及单体支柱等设备的检修,确保各类支护用品及设备的性能良好;第二,抓好回采工作面上下端头出口及两顺槽超前20米范围内的顶板管理,保证安全出口畅通;第三,加强工作面煤帮、顶板的管理,确保支架初撑力达到支护标准要求;第四,加强区队作业人员岗位安全生产责任制、规程措施的培训学习,始终强化作业前安全确认和管理人员走动式管理;第五,加强工作面初装、初采、初放、回撤过程中的顶板管理,制定专项措施,管理人员轮流跟班、现场指导。

（6）掘进管理

严格掘进工作面管理，主要包括：第一，确保支护材料质量合格，满足设计要求；第二，提升临时支护强度，由原单一的悬挂式前探梁变更为前探梁加液压单体支柱；第三，增加锚索直径和长度，提升锚索支护强度；第四，加强掘进面锚杆、锚索支护质量抽检管理，不达标严格整改；第五，对巷道顶、帮管理进行位移数据监测，并挂牌管理；第六，对地质构造地段、破碎带、高冒区地段严格制定顶板支护安全措施，采取加密支护和架设钢棚的方法对顶板进行复合支护。

（7）机电管理

机电管理主要包括：第一，完善、细化各类机电设备图纸，规范机电设备购置、选用、安装、维护、检修等管理程序，完善设备台账、技术图纸等资料；第二，加强设备管理，严格执行点检制度、日周月检制度；第三，严格对机电设备进行保养，建立设备档案，实行动态跟踪管理；第四，抓好供电系统保护、保险装置的检查、完善、整改工作；第五，规范机电技术管理，合理选用供电设计、供电设备。

（8）运输管理

运输管理主要包括：第一，完善、细化机构设置，规范运输管理制度，建立管理台账；第二，狠抓基础管理，开展井下运输线路安全生产标准化建设，提高矿井运输效率；第三，加强运输线路的安全防护设施巡检；第四，严格执行运输设备设施定期检测、检验制度，规范运输设备维护保养制度，确保设备的使用安全。

（9）职业卫生管理

制订出台职业病危害防治年度计划和实施方案，主要包括：第一，完善职业病危害组织机构、管理机构，增加区队兼职职防干部、兼职职防员，并明确其岗位责任制；第二，在各作业场所设置相应职业病危害警示标识牌，加强职业病危害因素的检测监控；第三，按照规定及时发放个人防护用品，严格执行从业人员职业健康检查，并进行归档管理。

（10）安全培训和应急管理

安全培训。健全、完善、落实安全培训管理制度，建立相关安全培训记录档案，实行一人一档管理。

应急管理。严格落实应急管理主体责任制度，成立应急救援指挥部，明确矿长是应急管理的第一责任人；明确安全生产应急管理的分管负责人及主管部门；严格按照规划和计划组织应急预案演练；补充完善授权带班人员、班组长、瓦斯检查工、调度员遇险处置权和紧急避险权险情预兆的具体内容。

（11）调度和地面设施管理

调度管理。完善调度工作管理制度和岗位责任制，按规定配备调度值班人员，并对其进行培训，取得资格证，出现险情或发生事故时，能够及时按照程序启动事故应急预案。

地面设施管理。工业区与生活区分开设置；停车场规划合理，划线分区，车辆按规定进行停放；地面办公场所安全设施及用品齐全，环境整洁，职工的"两堂一舍"设施完备，满足需求，保证地面设施实现美化、亮化、标准化。

5.推进亮点工程覆盖

深挖安全生产标准化内涵，全面推行按规范设计、按设计施工、按标准验收的安全生产标准化管理工作，做到关口前移、重心下移、深入现场、靠前监督；坚持日检、月检相结合，正规检查和抽样检查相结合的办法，做到检查问题在现场，落实问题在现场。规范检查行为，做到现场检查必须用数据说话，检查验收必须上尺、上线、上仪器，做到公正、公平、公开。对检查出的问题，必须现场填写整改通知单、现场签字，做到限期整改，形成整改处置、考核兑现、信息反馈、复查落实到"谁检查、谁签字、谁负责、谁落实"，由始而终的闭合系统。

（二）煤炭项目安全监督管理制度落实

1.我国现行煤炭建设安全监督管理制度概述

（1）煤炭建设安全监督的内容

监督检查贯彻落实国家安全生产法律、煤矿安全生产法规、规定、技术标准及安全规章制度情况。

监督检查矿山救护、安全培训教育和持证上岗、劳动保护工作。

监督检查企业安全技术措施、安全规章制度、安全作业责任制度的制定和实施，参加矿山工程设计、施工组织设计、作业规程、施工组织措施的审批和工程竣工验收。

监督检查企业事故隐患排查、整改情况。对不具备安全施工作业条件的企业提出停工、停建整改意见。

监督检查企业安全技术措施费的提取和使用。

安全监督人员有权进入现场检查、向有关单位和人员了解有关情况、查阅有关资料和档案。安全监督人员有权对违反煤矿安全法规、技术标准、安全规章制度的行为提出处理意见。

煤矿施工单位应主动接受煤炭管理部门的安全监督检查，并建立健全相应的安全管理、安全检查制度。

对于煤矿建设项目应实施备案审查制度，凡与煤矿建设工程资质要求不符的煤矿设计、施工、监理单位，一律不得承揽煤炭工程建设项目。

（2）煤炭项目建设程序的规范化管理

加强施工及招投标管理。承包项目的建设单位，需根据有关规定，以招投标的方式，选择适合煤矿建设施工的特点，来选择和确定施工单位，以及监理单位。建设及设计单位在做工程预算时，要依据有关机构的相应费率，合理确定各项措施费。招标方编制招投标文件时，要按照规定根据工程的实际情况，列出各项措施项目清单。参与投标的设计、监理和施工单位，要具备相应的资格证书，施工单位要具有相关部门的安全生产许可证，各监督部门要严格按照招投标的规定，加强对煤炭建设项目的监督。

实行项目开工备案。煤矿建设项目在施工前，建设单位应当对项目进行核对，初步设计和安全设施设计批复文件，采矿许可证，设计、施工和监理单位资质证，施工企业安全生产许可证，中标文件，工程质量监督手续，保证安全施工的措施，以及拟开工日期等，向有关机构告知备案，有关部门应出具备案回执。

明确安全监管责任。建设单位对煤矿建设施工安全负相应的管理责任。建设单位或总承包单位必须为施工单位提供必要的施工安全条件和有关技术资料，加强施工过程日常安全监督管理，协助施工单位做好高瓦斯、突出矿井瓦斯抽采与安全监测监控工作，及时协调解决存在的安全问题，不得随意改变。建设单位要向有关机构，每半年报送一次工程进展情况，在施工期间所发生的事故，要及时上报有关单位。施工单位负有安全生产管理责任。在高瓦斯、突出矿井井巷施工过程中，要采取瓦斯抽采和安全监测监控等有效措施，企业负责人、项目负责人、专职安全生产管理人员、特种作业人员必须经有关部门考核合格后，持证上岗。不得转包工程和挂靠施工资质。

规范竣工验收程序。煤矿项目按设计要求建成后，建设单位应组织有关单位编制联合试运转（含试生产）方案及安全保障措施，方可进行联合试运转。联合试运转结束后，应编制联合试运转总结报告，向有关部门申请安全、环保、消防等专项验收。各专项验收合格后，方可进行建设项目竣工验收。国家核准煤炭规划矿区内煤炭项目由国家发展改革委组织验收，国家规划建设矿区以外的煤炭项目由省级发展改革委或省级政府指定的部门会同省级发展改革委组织验收。竣工验收通过后，方可申请办理煤炭生产许可证，正式投入生产。

严格各类资质管理。有关部门要加强对从事煤炭行业的地质勘查、评审、咨询、设计、施工、监理、安全评价等单位的资质管理。对取得资质的单位，要加强日常监督管理，建立业绩考核档案，对违规单位依情节轻重，分别给予通报批评、降级或取消资质的处罚。各有关单位对煤矿建设工程的质量实行终身负责制，发生事故的，要依据调查情况和责任划分，分别予以追究和处理。

加强安全监管。地方各级政府及其有关部门要高度重视建设矿井安全监管工作，认真履行政府监管责任，加大对涉及建设矿井安全的施工管理、队伍、火工品、设备材料等方面的监管力度。严格执行"包片包矿"监管责任制、停产停工矿井驻矿盯守责任制、月旬检查制度、隐患排查责任制、追踪复查制等，做到责任到人、措施得力、监管到位，及时查出和消除重大安全隐患，及时发现和打击各种违法违规建设行为，确保煤矿建设项目安全施工。

国有重点煤炭企业要认真履行对直属建设矿井、兼并控股的建设矿井的安全主体责任和安全管理责任，加强日常安全管理工作，严格贯彻执行国家法律法规、《煤矿安全规程》《煤矿建设项目安全设施监察规定》及煤矿建设程序，采取有效措施，确保施工安全；对兼并重组后的建设矿井，其安全监管责任按照"分级负责、属地监管"的原则执行。

煤矿建设项目必须严格执行现行的建设程序，未经批复开工报告的矿井一律不得开工建设，已擅自开工的必须立即停止施工；无生产许可证和安全生产许可证的边建设边生产或擅自组织生产的建设矿井必须立即停止生产；严禁批小建大，矿井建设项目必须按批准的设计进行建设。

煤矿项目建设单位要组织自查自纠。地方各级政府及其有关部门要组织安全技术人员，结合区域内建设矿井实际情况，制订有针对性的检查方案，对煤矿建设项目进行全面检查。对检查不符合要求的，提出书面整改意见；违反有关法律法规规定的，要依法处理。其中，对整改建设矿井应当指派专人负责追踪监管，对停工整改建设矿井应当指派专人驻矿盯守，停工整改完成后经原检查部门验收合格，方可继续施工。

2.煤矿建设安全防范措施及隐患治理

（1）专门机构的设置与管理

建设矿井必须设置专门的通风管理机构，并配足专业人员，加强日常管理；通风系统必须合理，设施完好，风量充足，稳定可靠；通风设备和设施应及时维护维修，并根据施工需要及时调整。要加强高瓦斯和煤与瓦斯突出矿井管理，严格落实煤与瓦斯突出矿井的"四位一体"防突措施及揭煤前的防突措施，其瓦斯抽放系统要在揭煤前投入使用，最大限度地降低煤层的瓦斯含量，做到"先抽后掘"。凡通风系统不符合要求的、该抽未抽、措施不到位、瓦斯经常超限、监测监控系统不完善、报警及断电功能不全的建设矿井,一律停工整改。

要切实加强水害防治工作,配备水文地质专业人员和符合要求的探放水设备,严格执行"有掘必探";水文地质条件复杂或水害隐患严重的建设矿井,必须设立专门的防治水机构负责水害防治工作,并建立健全水害预测预报制度、水害隐患排查治理制度等,查明和准确掌握水患情况,采取有效防治措施。

建设矿井要针对不同的瓦斯、水、煤层自燃等地质情况制订相应的安全建设工作方案和相应的防治措施;要加大隐患排查治理力度,将隐患排查治理制度化、日常化,对排查出的隐患和问题必须按"三定"要求整改,对排查出的瓦斯异常、自然发火、冲击地压、水害威胁等重大隐患必须由建设单位负责制定有效防范措施,及时组织治理或指定专人专项治理。对隐患排查不力、排出未整改到位或仍存重大安全隐患的建设矿井,要立即停工整改。

（2）安全建设的防范措施

落实企业主体责任。要突出重点、分类指导,盯紧盯牢那些基础薄弱的高危行业企业;要善于发现问题,狠抓关键环节,特别是要抓住企业安全投入和技术装备、企业领导人带班下井、职工安全培训、重大隐患治理和重大危险源监控、安全生产标准化建设等重点工作,扎实有效地推动企业安全生产主体责任的全面落实。

落实部门监管责任。各部门要按照国务院安委会部门职责分工,切实履行好安全监管和行业指导职责。各级安全监管机构要进一步加强与相关部门的联系,搞好督促指导和综合协调,建立健全安全生产部门联席会议制度和联合执法机制,形成监管合力,提高监管效率。

强化地方政府安全生产工作职责。强化和落实地方各级行政首长安全生产负责制和领导班子成员安全生产"一岗双责"制,重点抓好县、乡两级政府安全监管责任的落实。坚持安全生产属地管理原则,落实属地监管责任。要建立和坚持安全生产例会和责任联系点制度,严格安全生产目标责任考核,增加政绩业绩考核中安全生产的权重,探索建立强有力的激励约束机制;对本行政区域内的所有企业进行严格的安全生产监督检查，及时发现隐患，指导督促企业切实解决问题。

加大监管执法力度。非法违法生产经营建设行为仍然是安全生产领域的突出矛盾和问题。因此要开展打击违法生产经营的专项行动，集中开展深入打击非法违法生产经营建设行为的专项行动。一要继续以煤矿、非煤矿山、交通运输、建筑施工、危险化学品、烟花爆竹、民爆物品、冶金等行业（领域）为重点，把目前最突出的非法违法生产经营建设行为作为依法打击的重中之重。二要用好联合执法机制和手段。在地方政府的统一领导下，各部门密切配合，严厉打击非法违法生产经营行为，查清并斩断非法生产原料供应和产品销售的经济链条，深挖并铲除非法违法行为背后的"保护伞"。三要依法严厉惩治，对非法违法事故查处实行挂牌和跟踪督办，进一步强化执法责任和措施，切实做到"四个一律"。四要强化地方政府特别是县、乡两级政府打击非法违法行为的责任，对那些"打非"工作不力、非法违法行为长期得不到惩处、安全生产法律秩序混乱的地方，要依法依规追究有关政府和部门的责任。五要强化社会监督，认真落实好非法违法行为举报奖励制度，依法落实职工群众对安全生产的参与权和监督权。

事故防范力度及安全专项整治和隐患排查治理。地方政府有关部门要认真吸取事故教训，把煤矿安全生产作为重中之重，继续全面做好煤矿瓦斯防治工作和技改整合矿井的安全监管；切实加强对客运企业、客运车辆的安全监管，落实个体运输户、挂靠车辆、乡镇船舶等的安全责任；要继续强化道路交通"五整顿三加强"工作措施，深入开展文明出行等活动。安全现状综合评价是针对某一个生产经营单位总体或局部的生产经营活动的安全现状进行安全评价，查找其存在的危险、有害因素并确定其程度，提出合理可行的安全对策措施及建议。专项安全评价是针对某一项活动或场所，以及一个特定的行业、产品、生产方式、生产工艺或生产装置等存在的危险、有害因素进行的安全评价，查找其存在的危险、有害因素，确定其程度并提出合理可行的安全对策措施及建议。

第二章 煤炭企业生产经营管理现状分析

（3）安全建设的防治措施与实施细则

第一，现场必须戴安全帽，正确使用个人劳动保护用品。遵守施工现场的安全施工规章制度。安全生产，文明施工。

第二，施工现场的文明施工管理。施工现场应整齐清洁，各种设备材料和废料应按指定地点堆放，在施工现场只准从固定通道进出，人员行走或休息不准接近建筑物，非操作人员严禁进入各种吊装区域，不能在起吊物件下通过或停留。

第三，用电必须由专职电工操作安装，用电设备、器具在使用前必须检查清理，实行"三相五线制"，并配有漏电保护器及空气开关，漏电保护器必须动作灵敏，启闭灵活。不得私自接拉电线，施工机械做到一机、一闸、一保护、一箱、一把锁。照明用电不得使用花线，要使用护套线，并严格按照仓库防火要求，灯泡及电线安全搭设。电缆电线必须绝缘良好，不得有破裂、烂皮、露头现象。

第四，作业须设专人扶梯，梯子和地面夹角在 60°～70°，并不得有缺档断裂现象。

第五，乙炔瓶的最小放置距离为 10 米。两瓶与明火距离也保持在 10 米以上。

第六，做好施工现场的用火、防火安全防范措施，安全施工。建立施工现场防火责任制，健全防火检查制度，发现火灾隐患，必须立即消除。

第七，施工时应严格认真，遵守施工规范。由于施工现场各单位交叉作业，施工人员发现不安全因素时应立即停止施工，待到不安全因素排除后，再行施工。

第八，在施工现场，施工人员应注意现场的施工孔洞，必要时要做好安全防护，避免坠落伤人，造成安全事故。

第九，由于施工现场临近生产车间，现场施工人员不得在生产车间通过、休息或逗留，施工人员不得接近、触摸各种与施工无关的生产设备，以免发生事故。

第十，在设备、管道安装过程中，对于零星的焊接、修理、检查等作业点的安全防护不能忽视，坚持不进行安全防护就不能工作的原则，有必要在中高支架上安装管道时，管道操作面必须有可靠的安全防护。作业时一定要佩戴安全带。夏季施工期间，做好降温防暑工作。雷雨天气注意避开高地及雷电牵引设施，防止雷击事件发生。

第十一，所有施工人员必须认真学习国家安全生产的方针政策及上级的安全生产文件、规章制度，提高对安全生产重要意义的认识，在施工中认真贯彻执行安全技术规程，做到人人重视安全工作，杜绝"三违"现象发生，防止事故的发生。

第十二，施工管理人员熟知有关安全的规定，组织施工人员学习安全技术操作规程。施工过程中，应统一工作，按照安全操作规程施工，一切行动听指挥，确保工程如期安全交工。

第十三，施工现场应整齐清洁，仓库材料堆放整齐，各种设备材料应按照指定地点堆放，在住宿地严禁乱扔烟头。施工现场应严格做好安全防护，安全防火，设置安全通道等安全工作，设专职安全巡查员，做到不安全不工作，杜绝"三违"现象发生。

第十四，基础开挖时，防止上部杂物坠落伤人，土质不好地段设置支护，防止塌方事故发生。发现存在危及安全的因素，应立即停止工作，消除不安全因素后，才能继续操作。管道井施工作业时，施工人员必须在井口上部做好防护措施，防止杂物坠落伤人。

3.煤矿建设安全防范措施的落实

（1）监察部门监督

执法监察的目标。通过执法监察，摸清煤炭建设工程项目底数，继续清理工程拖欠款，加强建设规模控制和工程项目管理；完善、培育和规范建筑市场，实现市场治乱，企业治散，质量治差，价格合理，促进煤炭建设健康发展；严格资金管理，防止国有资产流失；健全监督机制，加强廉政建设，纠正和查处建设领域的不正之风和腐败现象，遏制不正之风和腐败现象的滋生和蔓延。

执法监察的主要内容。执法监察以《中华人民共和国反不正当竞争法》、国家关于固定资产投资管理等有关规定及煤炭部关于工程造价管理、工程招投

标管理、工程合同管理等法律法规和政策规定为主要依据,对下列情况进行检查:

第一,建设工程项目是否按国家规定立项、报建。

第二,建设工程项目是否按规定招标发包,有无私相授受、串通投标、肢解工程发包;有无不按规定实施建设监理制度;有无强行让建筑企业贷款、垫资施工,不合理压级压价和工程竣工不按规定结算,拖欠工程款及强行要求建筑企业购买不合格的材料、设备等问题。

第三,是否遵守建筑市场管理规定,有无无证照或越级承担设计、施工任务,有无出卖证照和图签、私招滥雇、层层转包、偷工减料、粗制滥造、质量低劣等问题。

第四,工程质量是否符合国家标准和合同要求,有无不按规定委托监理和质量监督,以及工程竣工不验收等问题。

第五,工程是否审计,有无超标准、超规模、高估冒算、挪用工程建设费用、挥霍浪费,以及在资金管理和使用中存在的其他违纪问题。

第六,建设工程有关的公用事业单位是否遵守《中华人民共和国反不正当竞争法》的规定,有无利用职权搞行业垄断,强行指定不符合规定的施工单位和指定购买劣质设备、材料问题。

第七,干部和政府工作人员有无利用职权指定施工队伍、干预工程建设和索贿受贿、挪用公款、失职渎职等问题;政府及其部门有无向建设项目乱收费问题等。

(2)处理和整改

严格基本建设程序。建设项目必须坚持先勘察、后设计、再施工的原则,进一步落实项目法人责任制、招标投标制、工程监理制、合同管理制。建设单位应当保证工程建设前期各项手续合法有效,严格履行项目报建、用地许可、规划许可、招投标、施工图审查、施工许可或开工报告、委托监理、质量安全监督、工程竣工验收备案和工程技术档案移交等法定建设程序,保证工程建设的合理周期和费用。要切实防止借口加快建设不履行法定建设程序情况的发生。

严格市场准入清出制度。建设工程企业必须在资质许可范围内从事相关建设活动，严禁无资质或超越资质等级和业务范围承揽业务，注册执业人员要强化法律责任。各地要进一步加强企业资质动态监管，建立注册执业执法检查制度，对不满足资质标准、存在违法违规行为、发生过重大质量安全事故的企业，以及出租、出借、重复注册、不履行执业责任等行为的企业和执业人员，要及时依法撤销或吊销其资质、资格，清出建筑市场。

　　遏制虚假招标和串通招投标行为。加强招投标中的围标、串标治理，整治招标代理机构串通招标人或投标人操纵招标投标等违法违规行为，抓住典型案例严肃处理；加强评标专家管理，建立培训、考核、评价制度，规范评标专家行为，健全评标专家退出机制；建立市场价格指数发布和风险防范机制，加强中标合同价格和工程结算价格跟踪管理，坚决制止不经评审的最低价中标做法。

　　加强合同履约管理。要加强对工程总承包、施工总承包、专业承包、劳务分包，以及勘察、设计、监理、项目管理等合同的履约管理，对合同中违反法律法规的内容要及时指出和纠正；建立健全合同履约监管机制，将合同履约监管与质量安全监督相结合，重点查处转包、挂靠、违法分包工程、签订阴阳合同等违法违规行为；强化对合同重大变更的备案管理，及时掌握合同履约情况，减少合同争议的发生。

　　严格工程监理制度。依法必须实行监理的建设项目，建设单位必须委托具有相应资质的监理单位进行监理；未经监理工程师签字，建筑材料、构配件和设备不得在工程上使用或安装，不得进入下一道工序的施工；监理单位要落实项目总监负责制，严格按照法律法规、合同及技术标准、设计文件实施监理，按照规定监理程序开展监理工作，保证工程项目监理人员专业配套、人员到位，确保监理工作质量。

　　严格建筑节能监管。建设单位要严格遵守国家建筑节能的有关法律法规，按照相应的建筑节能标准和技术要求委托建设项目的规划设计、开工建设、组织竣工验收。设计、施工、监理单位及其注册执业人员，要严格按照建筑节能强制性标准进行设计、施工、监理。国家机关办公建筑和大型公共建筑，建成后应进行建筑能效专项测评，凡达不到工程建设节能强制性标准的，有关部门不得办理竣工验收备案手续。

加强施工现场监管。尽快建立工程项目数据库，与企业资质、执业人员数据库形成统一的信息管理平台，实现市场与施工现场监管信息的及时联通，实施全过程、全方位闭合管理，提高监管的有效性；严肃查处中标企业不履行合同及投标承诺，随意变更施工现场负责人及主要管理人员等违法违规行为。要严格落实施工现场总承包单位负责制，总承包单位对所承包工程的施工质量、安全生产和由其分包工程的工程款拨付、分包单位劳务用工、农民工工资发放等方面负总责。总承包或专业承包单位必须依法分包工程，严禁将工程分包给不具备相应资质的企业。建设单位直接发包的专业工程，建设单位应当负责协调、督促专业承包单位接受总承包单位的管理并支付相应的管理费用，保证施工现场统一管理，否则建设单位应承担相应的责任和后果。

进一步规范工程款支付行为。严格施工许可环节审批，防止建设资金不到位的项目开工建设；要结合施工合同履约监管，建立对建设资金、商品房预售款使用情况的监督机制，督促建设单位按照合同约定支付工程款，规范工程款结算行为，加快建立由相关政府部门推动，仲裁机构和法院等部门联动的快速裁决机制，及时解决合同争议问题。逐步建立农民工身份识别、劳动技能培训、从业记录、工资发放等信息的管理制度，为规范劳务用工、解决劳务纠纷提供有效的依据和手段；配合劳动保障部门加大执法检查力度，规范劳动合同订立、履行，严肃查处违法用工、拖欠农民工工资等行为。

4.煤炭建设项目安全管理制度落实的对策

（1）落实项目建设单位的安全管理责任及强化安全管理职能

建设单位是项目建设的投资者、组织者，严格落实建设单位的安全责任和法人安全责任是项目建设施工中最主要、最有效的安全保障。项目建设单位必须履行建设单位的安全管理职能，承担建设方安全管理责任。加强对建设单位的管理：一是加大对建设单位的宣传力度，使其认识到安全生产与己息息相关，从而主动搞好安全生产管理。同时，安全监督、市场管理等有关管理部门密切配合，加强联动，加大执法力度，严厉查处不办理安全监督手续进行施工的项目。二是严格安全技术措施费管理，对安全技术措施费不按规定拨付和使用的项目予以严肃查处。三是规范合同管理，督促建设单位明确监理的安全监理职责，促进监理人员履职尽责。四是严厉打击违法分包行为，同时督促建设单位履行安全管理职责。

安全管理。建设单位法人或主要负责人对项目建设安全全面负责，必须建立建设项目管理机构，办公地点要临近施工现场，要设安全、技术、工程管理等专业管理部门，配足专职安全员、专业技术人员等，保障建设单位项目管理机构的正常费用。

资质要求。招投标制，严把施工、监理队伍准入关，不具备资质或能力的施工、监理队伍不得进入，不具备安全施工条件的单位工程不得开工。加强建设单位培训和施工、监理人员的备案及管理工作，严禁施工单位使用未经培训或培训不合格的人员上岗，严禁不具备相应资质的监理人员上岗。

负责安全管理的要求。负责建设施工过程中日常安全管理工作，必须做到跟班现场管理，及时发现和处理建设过程中的安全隐患。安全监控和矿井通风系统等基础工程及系统的建设和维护管理，为施工单位提供良好的安全施工条件。

规范设计及施工费用管理。符合规范要求的地质、设计等技术资料，所提供资料必须真实、准确、完整。负责按合同支付工程款和施工安全费，严禁少提或不提取安全费的现象发生。

（2）落实单位安全主体责任及强化施工现场管理

施工单位是矿井施工安全的直接责任人，对施工安全负主体责任。严格落实施工单位、队组、施工人员的安全责任，是项目建设施工中最关键、最直接、最有效的安全保障，是从源头上加强施工安全的关键环节。加强对施工单位的管理：一是加大对企业安全保证体系的检查力度，确保企业安全管理制度和人员落实到位。二是加大对安全管理人员、一线人员的培训力度，确保其业务和思想素质得到较大提高，为搞好现场安全管理奠定基础。三是加大对企业安全生产费用投入的监管力度和施工现场安全防护的检查力度，确保安全生产费用足额投入，安全防护措施切实有效。四是理顺赔偿机制，加大对施工伤亡人员的抚恤费用、补助及救济费用、赔偿费用的调整力度，适当提高赔偿标准。

各部门的设立和管理。施工单位必须具备相应的资质和装备，必须建立项目施工管理机构，设立安全、工程技术、质量等专业管理部门，要有专人、专门的机构负责施工区域"一通三防"工作和日常安全管理工作。

各类人员配备。配齐专业技术人员、安全人员及特种作业人员，配备相应的办公设施和安全装备，管理、技术人员能满足安全施工和编制技术安全措施、作业规程的需要。须配备专职安全员，安全员负责对安全施工进行现场监督检查，发现安全问题、隐患后，要及时向项目负责人和安全管理机构报告，对违章指挥、违章操作行为立即制止。

落实人员培训和管理。落实施工人员培训制度，实行全员培训，其中新工人安全培训教育不得少于一个月、入场安全培训教育不得少于一周，严禁未经培训或培训不合格及不具备基本安全知识的人员上岗。必须建立健全和严格落实施工安全措施、作业规程，以及岗位、作业人员的安全责任制度，做到责任到人、责任到岗，并加强监督，认真考核，严格奖惩。

规范安全管理及惩罚制度。加强和规范现场安全管理和精细化管理，强化班组安全基础工作，规范工人操作细节，实行质量标准化建设，严格贯彻执行规范规定、安全标准和安全措施，坚持不懈地进行现场安全检查治理和反"三违"工作。建立和落实班前安全碰头会制度、安全旬（周）例会制度、安全绩效考核奖罚制度等。严禁中标的施工单位将工程转包，一经发现要立即清退。

（3）落实监理单位安全监理责任及规范工程监理行为

工程监理单位是受建设方委托，代表建设方进行项目监理的专业队伍，在项目建设过程中要规范监理行为，强化安全监理责任。督促监理单位认真履行安全监理职责。一方面加大教育培训力度，组织监理人员学习安全生产管理法律法规及安全生产管理知识并严格考核，确保监理人员的业务素质有较大程度的提高；另一方面加强对监理企业和监理人员履行安全监理职责情况的监管，对未履行职责的监理企业和人员，根据实际情况做不良行为记录并上报省建设行政主管部门，与企业资质年度审查和个人注册资格挂钩，同时依据《建设工程安全生产管理条例》进行严肃查处。

监理单位必须根据施工安全需要配足安全监理人员。监理人员必须具备相应资质及安全、专业技术知识和监理能力，经培训持证上岗。要建立健全安全监理制度、监理人员安全监理责任制度、安全监理方案、安全监理实施细则，并严格落实、认真考核。规范监理技术资料管理，安全监理资料要定期存档，妥善保管。

监理单位要参加安全技术措施和专项施工方案等审查会和建设单位组织的安全专项检查。负责日常的安全监理工作，按规定实施旁站监理，对所监理工程的施工安全负监理责任。监理人员必须及时制止违规施工作业行为。

监理单位要负责核查施工设备合格证件、安全标志、安全防护措施和施工材料检验等是否符合强制性标准要求，对证照不全的设备、不合格的材料不得用于工程，对防护措施不完善的不得施工。

监理单位要负责对施工单位自查情况进行抽查，对发现的各类安全隐患，及时通知施工单位，并督促其立即整改，情况严重的，监理单位应及时报告建设单位并要求施工单位停工整改。

（4）积极转变安全监管方式

第一，安全管理制度。

由重现场防护、轻制度落实向现场防护与制度建设并重转变。要在搞好施工现场安全生产监管的同时，狠抓企业安全生产责任制的落实和项目部安全生产体系的监管，大力推进安全生产许可证的动态管理，确保安全生产责任制落实到人、安全管理人员配备到位、安全生产体系运转有序。

工程监理单位应当依法取得相应等级的资质证书，并在其资质等级许可的范围内承担工程监理业务。禁止工程监理单位超越本单位资质等级许可的范围或者以其他工程监理单位的名义承担工程监理业务。禁止工程监理单位允许其他单位或者个人以本单位的名义承担工程监理业务。

工程监理单位与被监理工程的施工承包单位，以及建筑材料、建筑构配件和设备供应单位有隶属关系或者其他利害关系的,不得承担该项建设工程的监理业务。工程监理单位应当依照法律法规,以及有关技术标准、设计文件和建设工程承包合同,代表建设单位对施工质量实施监理,并对施工质量承担监理责任。

工程监理单位应当选派具备相应资格的总监理工程师和监理工程师进驻施工现场。未经监理工程师签字,建筑材料、建筑构配件和设备不得在工程上使用或者安装,施工单位不得进行下一道工序的施工。未经总监理工程师签字,建设单位不拨付工程款,不进行竣工验收。监理工程师应当按照工程监理规范的要求,采取旁站、巡视和平行检验等形式,对建设工程实施监理。

工程监理单位不得转让工程监理业务。

第二,安全监督职责。

由管项目为主向管企业和人员为主转变,改变以往企业、安全员、监理人员"不操心"(人员不落实,管理走过场),监督员"瞎操心"(充当企业安全员)的弊端,从管好企业、安全员、监理人员着手,强化安全生产监管。要采取得力措施,充分调动各方主体(特别是施工和监理企业)履行安全生产职责的积极性,督促安全员、监理人员充分履行职责,形成齐抓共管的良好局面,确保安全生产实现根本的好转。

在广泛调研的基础上,变最低价中标制度为合理价中标制度,确保工程安全生产费用投入;同时对工程监理费用合理确定上下浮范围,杜绝恶性竞争,确保监理人员能正常履行安全监理职责。

(三)从业人员素质提升

人员素质是企业的软实力,在煤矿安全生产中发挥着重要作用。近年来,各级煤矿安全培训主管部门、煤矿安全监管监察部门和广大煤矿企业,始终把人员素质提升作为一项重要基础工作来抓,取得了积极进展。

《煤矿安全培训规定》出台后,各地区初步建立了"企业自主培训、部门强化考核、执法与服务并重"的安全培训管理新机制,实现了由政府主导培训向企业自主培训转变，由注重知识考核向注重能力考核转变，由培训资质管理向培训执法转变。

尽管各地区各煤矿企业在提升人员素质方面做了大量工作，但存在的问题仍不容忽视。一是从业人员素质不高，老化问题和"招工难"问题突出，人才流失严重。二是部分企业对安全培训工作不重视，培训责任落实不到位，培训方法单一，培训质量差。三是安全培训资质取消后，培训事中、事后监管跟不上，违法违规培训问题突出，不持证上岗、不培训、假培训、乱培训等乱象丛生。

下一步要重点做好以下工作：

第一，深入开展"六查六改"。要严格按照国家要求，扎实开展培训整治工作。煤矿企业要严格对标自查，立查立改，应改尽改。培训主管部门要公开通报一批在人员准入上把关不严的企业和监督检查不力的单位，调整一批考核不合格、知识和能力不适应的矿长，退出一批培训质量差、不具备条件的培训机构，停产一批培训存在严重问题的企业。安全监管监察部门要做到查煤矿安全生产必须查安全培训，"逢查必考"，把不具备人员素质条件的煤矿停下来。安全监察部门要加大培训监察力度，制订监察计划，开展专项监察，对违反培训方面法律法规的企业，要从重查处，严厉问责追责。

第二，严格职业准入。煤矿企业必须配齐五职矿长（包括矿长、总工程师、安全副矿长、生产副矿长、机电副矿长）；矿长、副矿长、总工程师、副总工程师应当具备煤矿相关专业大专及以上学历，具有3年以上煤矿相关工作经历。新上岗的特种作业人员应当具备高中及以上文化程度，其他从业人员应当具备初中及以上文化程度。这些要求并不高，还要不断努力，让从事高危行业的人员素质有所提高，从而不断提高安全保障能力。

第三，强化安全培训。煤矿企业要严格落实安全培训主体责任，把保证培训质量放在首位；要完善培训机构，配齐培训管理人员，加强师资队伍建设，配足培训器材和设备。各地、各企业要本着"适用、管用"的原则，结合实际编制培训教材和考试题库，增强培训实用性、针对性；要创新培训方式方法，充分利用互联网技术、信息化手段、虚拟现实技术，建立网络直播课堂、手机微课堂、视频课堂，增强培训的趣味性、员工参与的积极性。

第四，提升综合素质。煤矿企业要建立激励约束机制，加大人力资源投入，提高从业人员政治待遇、经济待遇，增强职业荣誉感、企业归属感，把人才引进来、留下来，稳定职工队伍。要广泛开展技能训练和技能比武，大力推进安全技术创新和小型技术革新活动，不断提升煤矿从业人员素质。根据实际状况和需求因地制宜引进一批高素质人才，招录一批高技能职工，培育一批大专采煤班组，建设一批技能大师工作室，打造一批工匠团队。

二、建设基于供应链管理的煤炭物流模式体系

（一）基于供应链管理的煤炭分销物流组织体系

企业物流在供应链环境中既要确保连续的生产过程，还要实现以下诸多目标：供应与需求保持同步；确保灵活而敏捷的物流系统；准确输送并及时共享和反馈物流信息；保证物资采购高效率、低成本；交货快速准时；等等。国内外学者在对制造业供应链的研究中，已取得非常显著的成果，但目前关于煤炭物流供应链的研究文献还比较少，缺乏系统性、全局性、整合性的研究。

1. 企业物流组织结构的演变过程

经济全球化的发展、市场环境的变化和社会分工的细化以及客户的多元化需求使企业的物流组织形式和结构不断演变。

20世纪50年代以前，企业物流活动分散在各个管理职能中，分别属于市场营销部门、制造部门和财务部门等，各个职能部门的职员在进行物流活动的同时，还兼顾着其他的职责，因此，专业水平很差，也造成了物流活动的目标冲突和效率低下。

20世纪50年代至60年代初期，企业开始对分散的物流活动进行集中管理，企业的物流组织作为专业化的分工开始从其他组织部门中分离出来。

20世纪80年代以来，由于物流职能的集中给企业带来了巨大的经济效益，

企业开始尝试将所有的物流工作集合到一个组织中去，将全部物流运作和计划归到一个责任主体下进行一体化操作。从采购原材料开始，进行生产加工并形成产品，最终通过销售手段卖到消费者手里，这个过程是通过协调信息流和存货流的相互作用来完成的，这就是物流一体化。

21世纪以来，企业物流模块开始向物流外包和物流内承两个方向发展。所谓物流外包，就是当公司发现把所有物流活动外包出去比由自己承担的效益要高时，便邀请第三方物流公司来规划自己产品的流通。物流外包可以使企业资源专注于核心竞争力，做更多自己擅长的领域，而将后方流通等环节交给运输服务行业。物流行业的快速发展有力促进了货物运输向规模化、专业化、科学化方向发展，进而有效提升货品运输效率，降低物流成本。物流内承则是指某些公司自己有能力承担自己产品的物流运输，建立自己的物流网，减少对第三方物流公司的依赖。这样不仅可以最大限度地了解和操控自己公司的产品走向，减少企业的物流成本，还可提高对客户的售后服务水平。在这个过程中，需要先进的科技作为支撑，规范的运营规则作为保障，优秀的人才为依托。

2.煤炭企业分销物流内部组织体系

目前，国内煤炭企业物流管理模式主要存在三个层次的问题。首先，物流管理的策略定位不清晰；其次，物流管理系统性不强，内部分割严重，缺乏必要的协调和整合；最后，物流系统各环节管理活动缺乏科学性和严密性。煤炭集团的分销方式主要是设立不同层次的销售部门，重点合同由（集团）公司统一订货管理；分散管理部分主要包括与（铁路）运输部门的结算、协调及销售和运输计划的制订。销售物流没有实现一体化，业务流程混乱，利益主体过多，不仅造成了物流资源的浪费，也阻碍了客户服务水平的提升。

为适应供应链管理的需要，煤炭企业应从整个供应链的角度出发规划设计物流组织体系，在企业外部与港口场站、仓储企业、运输企业及主要客户形成供应链联盟，实现向"全过程一站式综合物流服务者"转型；在企业内部通过变革，由职能式架构向业务流程式架构转变。企业外部联盟系统和企业内部组织体系组成了组织支撑体系。企业内部组织系统的内容主要包括以下几个方面：

（1）组织架构与管理体制

煤炭生产企业通常采用"煤矿—物流公司—客户"的自营物流模式，即通过专业化重组整合，由生产厂矿集中生产资源，物流公司则集中物流与销售资源、职能。煤炭物流公司的角色需要进行大的转变，即由单一的送货职能发展成为物流一体化服务，以配送环节为中心横向与纵向同时发展，主要包括配装、配载、配货、加工和分货等，构成完善的物流供应链，最终增加价值，提升效率。

（2）物流成本控制系统及盈利模式

控制物流成本主要涉及管理费用、运输费用和库存费用三方面内容。设定预算监督中心，通过核心型决策来协调有关这三方面的成本控制。在国有大型煤炭企业中，（集团）公司总部是战略决策中心，由煤炭销售部门和物流部门构成的产销平台是效益核算中心，成本控制中心由各个子公司担任，最终形成完备的体系流程。此外，通过市场衔接，各流程最终形成营销总平台，通过价值链将系统内各级专业流程连接在一起控制成本，监督价格。

（3）业务流程与处理系统

紧紧围绕客户与企业目标，实现企业效用，即业务流程利用联系紧密且有组织的活动，向客户提供有价值的效用。经过市场化的改造，煤炭企业无论是从业务结构还是业务流程方面考虑，都应该建立适合煤炭企业发展的业务处理系统。

（4）物流合同处理和信息管理系统

该系统具备采集信息并对信息进行传输、存储、分析处理、显示及其他操作的功能。通过多种管理工具和方法实现物流作业自动化，实现商流、物流、信息流、资金流及时集成地传输、共享，可以大大提高物流运作效率。

（5）煤炭仓储管理系统

物流管理中极其重要的一个环节就是仓储管理，内容包括仓储作业操作、库存最优控制及系统布局设计。其中，煤炭仓储系统布局是供应链设计的核心内容之一。以仓库为基地的配送中心是煤炭企业实现"干线运输+区域配送"运销模式的枢纽所在，可以吸收社会仓储企业加入煤炭分销物流配送环节中，形成网络化仓储体系。

（6）煤炭配送系统

以煤炭主要销售地区为依托，设立煤炭销售点，负责煤炭销售和结算业务，并通过合理规划分布，不断扩大规模，最终形成布局全国的煤炭物流配送系统，网络化的经营方式可以将最优质的服务提供给广大客户。

3.煤炭企业分销物流外部组织体系

传统的煤炭分销物流将重点着眼于铁路运输计划的安排。在供应链管理模式下，煤炭分销物流应从整个供应链考虑，为煤炭消费群体制订一体化、个性化的物流方案。联合信息管理服务商、仓储经营者、运输公司及煤炭生产企业组成物流联盟，通过彼此协作，共享库存与需求信息；通过协调，以避免企业间的效率损失和库存缓冲，使煤炭企业朝着建设完整化、系统化和集成化供应链的方向发展，提高供应链的整体竞争力。由于煤炭企业是以流程为中心的企业，它的外部供应链准一体化组织具有渠道流程团队、外购合同、合作协议、战略联盟、合资及合作伙伴等多种形式，需要根据企业市场竞争策略选择不同的形式。

（1）煤炭企业外部联盟组织运作的机制

煤炭企业和其他企业进行合作，通常是借助各自的流程负责人建立起虚拟团队。虚拟团队建立标准化的组织，这一组织具有典型的临时性，区别于企业内部的其他团队，在煤矿企业的运行中起着关键的作用。在组建的虚拟团队中，各个企业的代表成员分别维护着自己企业的利益，但是他们以整个联盟组织的利益为根本的出发点，并且在联盟的协同指导下进行日常的工作。通常情况下，组建的虚拟团队没有固定的办公地点，只需要通过信息工具（计算机、互联网或者手机）进行基本的交流，并在预定的时间进行企业面对面的交流谈判和处理突发事件。

供应链联盟的主要群体是指在联盟中起着关键作用的群体。在供应链联盟中，绝大部分企业都是大型实力雄厚的企业，并且这些企业均达到进行企业联盟的标准。为维护供应链联盟运行的稳定性，就必须保持这些企业与联盟的合作，一方面，通过签订长期合作协议巩固两者的合作关系，使这些企业成为本联盟的最忠诚的合作伙伴；另一方面，采取相关措施鼓励这些企业在本联盟进行投资，这样不仅锁定了这些企业与本联盟的共同利益，也使自己的经济实力不断上升，增加了自己的企业竞争力。此外，向合作的企业进行资金投入，还会进一步巩固企业间的合作关系。

供应链联盟的次要群体是补充联盟力量的主要群体。在组建供应链联盟的资格审查过程中，对于有潜力的企业可以采取融资扩股的方式扩展，进一步巩固市场，为企业拓展新业务提供机会。同时，通过补充企业既可以增加联盟的服务，也可以使次要群体不断发展成主要群体。

除主要群体和次要群体之外，就是其他群体。其他群体往往是指在供应链联盟作用小且不稳定的企业群体，一般可以忽略其在联盟中的作用。

（2）供应链伙伴进行合作的框架

煤炭企业中的供应链是一个较为复杂的系统。煤炭产品的整个运营过程，需要经过开采、中间加工处理、运输、销售直至到达消费者手中。该过程一般需要诸如铁路、公路、海运和枢纽等多个交通部门的合作。此外，煤炭产品的消费者涵盖了发电、钢铁、日常生活消费等多个领域。选择合理的合作伙伴在煤炭的供应链中有着重要意义。煤炭企业选择供应链合作伙伴，是通过综合分析合作对象的兼容能力、重要程度、诚信程度、企业的生存能力和所合作需要的投入等相关指标，进而评价合作对象并最终作出决定。

当确定了合作伙伴后，就应该依照经济性、便捷性和畅通性的合作原则，进行合作框架的构建。在这一过程中，对于不同的合作伙伴应该选择不同的合作模式。对于需求量大并且运输便利的用户，应根据共赢互惠和稳定合作的原则进行长期合作，不断地维持和发展成战略合作关系；对于中间需要进行中转的用户，首先通过采取参股合作的形式，与铁路、海运和航运建立长期的合作关系，从而组建跨行业和跨区域的合作联盟。在企业内部运营中实施资本运作，也可以对运输方式采取买断的手段，从而保证整个供应链的畅通。

传统的当地销售模式已不能满足煤矿企业的发展需要，煤炭运输能力的整合将日趋激烈。在与交通运输企业的合作中，既可以签订长期的合作协议，也可以通过投资和参股的形式构建自身的交通运输能力。在煤炭分销物流运输方式中，铁路依然占据重大份额，但公路和水路运输也发挥着越来越重要的作用。煤矿企业集团必须采取灵活多样的方式加强与交通运输企业的合作，将它们纳入自身大物流系统当中，增强企业的竞争能力。

加强煤炭物流供应链联盟中的关系管理是充分发挥大物流功能的核心。联盟的关系管理需要成立专门的管理部门，进行日常联盟中企业的关系协调和维护。该部门的主要工作包括分析和管理企业间的关系，制定和签署企业间的合同契约。在联盟关系管理过程中，针对出现的不对称信息情况，管理部门要按照诚信、公开、公平的原则进行相关措施的制定，保证联盟内各企业能够将各自企业目标与战略联盟的目标相协调。同时，煤炭企业在供应链联盟中处于核心地位，煤炭企业的战略目标应该在一定的范围内确定联盟的战略目标；另外，联盟的目标要站在所有成员企业（包括核心生产企业）之上，从整个供应链角度出发，成员企业包括煤炭生产企业都要根据联盟目标不断调整，从而保证成员企业与物流联盟的共同发展。

（二）基于供应链管理的煤炭物流运输配送体系

在我国，煤炭通常需要以原煤的形式经过长距离运输才能到达消费地，运输对我国煤炭产业流通发挥着不可替代的枢纽作用。由于我国绝大多数发电厂的煤炭储存量不能满足发电的需要，存在"煤炭储存场地小、储存量偏低，迅速被烧完"的问题，从而影响供电稳定性，尤其在夏季和冬季用电量需求增大期间，经常出现煤炭储备供应告急、铁路等各系统突击运输及港口超负荷装卸等尴尬局面。并且各种突发事件和自然灾害也会导致煤炭的供应不及时，出现发电用煤告急的现象。

1.煤炭运输通道现存的问题及其改进

（1）煤炭铁路运输存在的问题与改进方向

目前，我国煤炭运输60%以上依靠铁路输送。虽然铁路运输效率达到了预定要求，但是铁路运输系统中的装备水平和服务质量等仍然存在不足。由于缺乏整体的统筹规划和及时的沟通，货运铁路建设没有与西部煤炭生产基地的建设同步，导致西部煤炭生产基地缺乏相应的铁路建设投入。为此，要加强煤炭产、销规划与铁路建设、公路建设、港口建设规划的同步性。煤炭运输通道脆弱的一个突出原因是运输设备只限于单一的火车电力机车，而没有相应的抗断电措施。

　　在运输规划中，存在着计划运输量远低于实际运输量、运输力浪费的现象。尽管运输力的多余量能够保证重点用户的需求，却严重妨碍铁路运输的规范化。同时，实际实施中也有合同不能按时完成的情况。由于目前实施合同和计划相一致，有时也无法区分合同和计划两者的重要性，这就使铁路局处于难以抉择状态。车流的组织调度应按照供需关系的基本原则进行车流分配，但是由于铁路垄断经营及其他因素，有时车流的组织调度是按照车流来安排货流的。在煤炭运输中还可能出现分流现象，造成运输的煤炭被错误地分流到其他地方，从而造成资源的浪费，增加了煤炭企业和用户的成本。由于铁路运力相对比较稀缺，铁道部门又垄断经营，煤炭流通环节尤其是运力协调环节十分不规范。尽管国家在其中进行价格监督，但该过程中仍然存在收取运输保证金和协议运输费、计划外加价的现象。煤炭消费需求不断增长，而铁路运力在短期内依然无法满足物流需求，这就导致了铁路运输行业的垄断现象更加普遍。其中的一个典型情况就是，铁路部门对于运输计划进行随意调整，并不会向货物运输方作出解释和赔偿。由于铁路兼具公益性和垄断性，在铁路运输行业市场化改革过程中，行业利益与市场效率的协调十分艰难。

　　为满足社会及工矿企业对铁路运输的需求，铁路运输企业必须进行体制改革和资源配置优化，从而为工矿企业物流运输提供有力的支持，充分发挥铁路运输的优势，调整改善运输的整体框架。铁路运输的调度要以市场的需求为出发点，积极地结合实际情况促进工矿企业物流运输效率的提高，将铁路运输的优点与经济发展相结合，促进我国经济的快速发展。针对频繁出现的煤运紧张情况，应根据煤炭生产、煤炭运输中转、煤炭需求情况进行铁路运输布局优化，保证国家重点煤炭生产基地的煤炭外运和华东、华南、华北等煤炭消耗量大地区的煤炭需求。

（2）煤炭水路运输存在的问题与改进方向

受特定历史原因及产煤地地理位置等因素影响，我国铁路承担了大部分煤炭的内陆运输任务，海运则完成调转运输任务，煤炭一般被运至港口再依靠船运和车辆运输到达客户，以此降低运输成本，优化运输资源配置，更好地服务客户。近年来经济持续高增长，由于电力、化工、冶金、有色、建材等高耗能工业的快速发展和铁路通道建设的滞后，煤炭一次下水量呈现出加速增长的态势。在"北煤南运"和"西煤东调"的煤炭运输大格局中，水路运输以其运量大、成本低的优势发挥了十分重要的作用。随着国民经济持续、快速、健康发展，沿海地区煤炭需求激增，加快煤炭产、运、需各方协调发展，保证煤炭转运畅通，成为各方努力的目标。但目前煤炭水路运输仍存在着以下几方面问题：

第一，我国北部港口的装船能力有待提高，需要根据实际需要作出调整。由于我国东部地区经济发展迅猛，对煤炭的需求量不断增加。为不断提高我国煤矿的运输能力，铁路运输需要作出调整，对于大秦线这类的运输重线应不断地完善。然而，铁路运输不断地作出调整，港口的储存和装卸能力受到了挑战，港口运输能力也影响了水运运输的效率，因此，需要对码头配置作出调整，迫切要求北方港口加快煤炭专用泊位的建设速度。

第二，在煤炭的生产基地中，优质煤供应困难，导致了煤炭运输的非正常转运。在某些地区的矿站，即使煤炭质量较差，也需要通过外地中转进行采购。并且，在运输压力较大的情况下，往往忽视了煤炭质量，一些未符合标准的煤炭也被装车运走。所以，在运输的过程中需要加大质量监控，并且应开发些煤炭资源丰富的地区，保证港口煤炭的质量，从而保证煤炭资源的及时有效运输。

第三，华东和华南地区港口的布局不合理，接卸货能力难以满足实际需要。尤其是在用煤的高峰期，运输压力更大，大量运输船只能靠运输次数来保证运输量。

第四，缺乏大型的煤炭储存和中转基地，客户一次性接纳煤炭量有限，增加了运输协调难度。另外，由于天气等自然灾害、突发事件和生产状况等因素的影响，煤炭生产和运输不能保障时，发电厂所需煤炭资源将受到限制，水路运输的压力也将进一步加大。我国的发电用煤管理存在着严重不足，容易出现因煤炭供应不足而影响电厂正常运转的现象，尤其是在用电高峰，煤炭从生产到运输的过程中均会出现超负荷运转，煤炭供应的整体规划被破坏。

由于我国煤炭资源分布较为集中，煤炭消耗用户也呈现区域化，我国煤炭运输形成了一条链条式的分布，运输方式呈现出铁路运输和水路运输相结合、公路运输和水路运输相结合，以及铁路运输、水路运输和公路运输三种运输方式相联合的局面。这样的布局有着诸多的缺陷，当这一系统中的一个环节发生失误时，就会使整个煤炭供应链出现瘫痪。根据煤炭运输的上述典型特点，应通过以下措施来完善煤炭的运输：

第一，加强北方港口基础设施建设，努力提高港口的运煤能力和整体运作能力。根据现阶段北方港口的运输情况分析，当前的运输能力很难保证全国各地尤其是华东地区对煤炭的增长性需求。为了减轻能源短缺对经济发展的影响，国家相关部门制定了具体的节能减排及生产中转运输统筹措施。为提高北方港口的煤炭运输中转能力。此外，可以通过修建和整改专用的煤炭运输码头，通过重新规划整体布局，增加卸货能力，努力保证煤炭的顺利中转。为了不断地提高重要运煤专线的运输能力，应充分利用水路运输的优势，充分利用新建的高效率中转码头，保证重要港口的中转运输力，增添大型煤炭输出泊位，从而有效减缓煤炭资源紧张地区的煤荒和电荒问题，不断提高我国经济竞争力。

第二，提高北方港口供给煤炭的能力。大力抓好张唐铁路等新线建设工作和大秦线等老线的延伸工作，进而使陕西北部及内蒙古西部的优质煤炭外运能力提高。协调好港口与铁路运输衔接，通过大秦线和大准线等铁路线接轨，开发出陕西北部及内蒙古西部等货源地，并加大路网运输密度，多运优质货源，保证整个北煤南运动脉的畅通。

第三，煤炭中转基地和大型接卸码头建设。卸货码头和储煤基地建设大型化，港口发展深水化，有利于增强交通综合协调能力和通道建设能力，并最终降低物流成本，加快运输效率。有的省份能源匮乏，通过大型卸货码头和储煤基地建设，使这些省份成为煤炭物流中心，充分发挥卸煤泊位的作用。在旺季时候进行煤炭运输，淡季时候可以储蓄煤炭，当煤炭供应紧缺时，通过海路运输到用煤企业，进而实现输煤数量均衡发展。此外，针对冬夏用煤高峰问题，可以通过改造煤炭场地，增加储存量。

第四，协调好供运需关系，确保煤炭稳定供应。耗煤大户、铁路部门、煤炭矿站与大型煤炭输出港结成供应链联盟，强强联合、融合各方资金，向集团化、联盟化发展，在面对市场风险时可增强抵抗能力。从目前情况来看，一个公正合理的交易场所是煤炭业务各方共同的需求，既可保证买卖双方各自利益，又可协调好供需关系。对于煤炭市场的不断变化，煤炭供需各方都要学会适应，采取各种手段，确保供货关系的长期化，使买卖双方共同发展，互惠互利。此外，随着互联网和电子商务的发展，网上电子交易方式可大大降低煤炭交易成本，提高周转速度，减少流通时间，满足我国电煤需求，促进国民经济发展。

2. 煤炭企业中心辐射型运输系统

中心辐射型运输系统是指将几条线路上的乘客和货物集中到位于中心的一个主要的汇合点（中心），所有运输都聚集于这一中心，在这里，乘客或货物可以换乘至系统中其他任何地点。对于我国煤炭运输而言，尽管从煤炭产地到消费地直达式的货运方式是最理想状态，但由于受铁路线路布局的限制，只能选择次优的中心辐射型运输系统。

我国煤炭运输的主要方式是铁路及货运机车，但铁路运煤线路的终点并不是我国煤炭消费客户燃煤锅炉的所在地，煤炭还必须转由其他铁路线及沿海、长江和京杭运河等水路运往目的地。此外，我国还拥有长江、珠江、淮河等水系形成的天然河，对煤炭运输发挥的作用不可忽视。煤炭公路运价偏高，一般应用于短途运输，只有在煤炭运力极为紧张的时候才会考虑在长途运输中使用，因此，公路作为我国短途煤运方式，在整个煤炭运输格局中，通过与铁路、海港和内河港口的连接发挥着重要的衔接作用。在上述所有的运输线路中，沿海港口是煤炭长距离联运的中转地，或称枢纽港。在煤炭产地，煤炭企业将煤炭开采出来后，需要经过相同的铁路或公路线路外运，因此而形成煤炭集散地；在煤炭消费地，到站后的煤炭要经过相同的区域销往各个消费企业，因而形成煤炭分销地。在整个煤炭供应链系统的运输网络中，每一个站点都会为煤炭供应链提供不同的增值服务。例如，在煤炭转运过程中，由于便利的集结和运输条件，枢纽港也是主要的配煤加工基地。

在枢纽港周边成立物流配送中心，可以加快煤炭企业货物配送的速度，帮企业节约配送时间，提高快速响应能力，进一步降低库存量；有了物流配送中心，企业就能够在降低库存和满足用户要求之间作最佳的物流规划，通过与合作者共享供求信息资源把握客户需求变化，不断提高自身货物配送水平，有效盘活库存，使物流成本接近最低水平。

大型煤炭企业集团的物流部门应通过组织变革将集团各级运输单位、资源整合成为具有独立经营能力的专业化物流公司，全力完善优化物流系统，开发和优化运输通道，挖掘销售渠道，不断提高市场份额，增加煤炭流通过程中的附加值。煤炭物流企业在所在区域发展成为本地区大型物流集团后，会不断增强整合铁路、水路和公路运输资源的能力。接下来，可以并购和吸收其他中小煤炭生产企业，使煤炭物流企业获得进一步发展。

煤炭供需紧张、物流不畅的一个重要原因是煤炭市场比较零散和混乱。如果通过煤炭流通环节整合提高集中度，可以缓解供需紧张状况，达到市场平衡。所以，煤炭企业除了整合产权和资源外，还需要从供应链层面上，整合物流资源，积极推动物流资源社会化和物流一体化发展，从物流环节促进我国煤炭产、供、销等各个环节的有效衔接。因此，煤炭物流企业的发展战略方向应该是培育核心能力、发展煤炭特色物流，在成为具有一定市场竞争力的专业化企业物流的基础上，向第三方物流企业转型。随着现代化煤炭大生产格局的逐步形成，必须建立与之相适应的现代化煤炭大物流体系，中心辐射性运输系统的建设完善就是其中的关键环节之一。

3.区域性煤炭物流配送中心建设

整个煤炭物流网络是以各个网络节点为基础的，且各节点在网络中处于不同地位。根据节点作用的不同，煤炭物流网络节点可划分为煤炭物流枢纽、区域煤炭物流中心城市、配送中心、煤炭物流园区、货运场站、煤炭物流中心等多个层次。

区域性物流配送中心需符合的要求：一是物流及配送功能健全，辐射范围大；二是物流业务统一经营，规范管理；三是主要面向社会特定用户服务，信息网络完善。成立区域级的煤炭配送中心，一方面可以实现从"煤炭企业→客户"的传统运输方式到"煤炭产地→配送中心→客户"的运输方式的转变；另一方面可以帮助煤炭企业将部分用于销售、运输的精力转移到煤炭生产上来，保证产品质量，降低经营成本。此外，还可以使用户的需求更加快速、便捷地得到响应，实现物流以服务为中心的宗旨。

结合目前实际情况，建设区域性煤炭物流配送中心，应从三个方面入手：首先，加强煤炭配送中心的内部基础设施建设，主要包含洗选设备、装卸设备（卸煤机、给煤机、漏斗等）、仓储设备及运输设备车辆、胶带运输机等。其次，提高煤炭配送中心的物流运输技术水平。由于煤炭属于散装货物，具有体积大、污染环境等特性，煤炭的配送在运输方面也有许多技术瓶颈。最后，加强煤炭公共配送平台和配送管理信息系统的建设。通过信息通信技术整合煤炭配送行业的配送系统，实现路径规划、最优库存控制、物流成本控制。我国煤炭配送中心纷繁复杂、大小不一，发展也是参差不齐，整合配送中心，兼并小的、效率低下的配送中心，实现规模效益。发展公共配送平台，可以降低煤炭配送成本，提高物资配送效率。配送的即时信息强调以同步化、集成化的计划为指导，特别是运用信息技术、计算机技术及物联网等实现对数据收集、传递、整理和加工。另外，实现物流配送信息化的关键一步是建立煤炭配送中心的信息化平台，加快链上企业间的信息沟通和传递，实现企业间的高效协同。信息化平台将为企业的战略决策、管理决策和业务决策提供及时、准确、全面的信息支持，提升煤炭物流企业整体竞争力，实现物流、资金流、数据流和信息流的统一。

在分销物流配送过程中，需要通过多种手段改善基础管理，增强配送能力，实现分销物流配送工作的科学化和规范化。具体包括：一是建立并完善配送制度，明确岗位职责，加强监督管理工作，做好成本控制考核工作，通过制度约束来提高服务质量；二是利用现代信息技术提高工作效率和准确性；三是通过应急配送业务的开展，使物资供应在应急状态下得到保障；四是加强管理，提高物资配送计划的准确性。

受到工作性质及企业自身规模的限制，中小煤炭企业内部物流业务范围极其有限，仅限于企业内各部门，从降低企业经营成本角度考虑，中小煤炭企业应该和外部物流公司合作，成立外联部门，负责企业物流业务以及与外部物流公司的业务沟通和款项结算工作。与此同时，煤炭企业通过发挥自身优势，将物流业务外包，充分利用第三方物流来降低企业成本。

4.供应链环境下煤炭企业物流配送的主要策略

供应链管理的显著特征是它的协调性和合作性，但是，在运输过程中物流系统还有一个不可或缺的因素就是无缝衔接，一旦缺失就可能导致顾客购买的物品在运输过程中受到阻碍，物品未在规定时间内到达，不能及时满足顾客的需要，一定程度上影响了供应链的合作性，所以，无缝衔接的供应链物流系统能保证供应链获得协调持续运作。而实现无缝衔接供应链物流系统的重点在于配送。煤炭企业在供应链环境下，为实现无缝衔接配送可以采取的主要策略：

（1）货物转运或集运

货物转运是为了满足应急的需要，在同一层次的物流节点之间进行货物的调度和配送，以满足客户的迫切需求。货物转运适用的情形主要是，由于预算的误差和周转库存的增大，导致库存总量过大。为了避免实际需求和库存分布之间出现问题，可以采用货物转运。集运则是指一次运输的数量达到足够大，且具备集体运输的规模而采取的相应的运输策略。增大运输规模有三种措施：一是增大运输批量，通过联营配送方式或者第三方物流公司达到目的；二是货物配送按指定日期和指定市场进行；三是将小订单的客户货物集中配送。

（2）零库存

零库存是指采用"快速配送""即时配送"方式向客户供货，使用"少批量，多批次"的形式向客户配送商品。零库存这种方式具有灵活性大、稳定、供货快等特点，在客观上降低了库存量，使供求及保障需要能够紧密协作，达到理想效果。

（3）配送成本低廉化

通过对订单进行简化处理，可以降低订单处理成本，缩短配送时间，并在一定程度上降低配送成本。通过电子数据自动交换系统、传真等方式，及时交换订单数据。此外，按规定对库存进行核对，按照既定的配货单进行配货，在发现缺货的情况下，尽快生产，并将成品及时入库，严格按照操作流程进行配货。配送时遵循的原则是少批量、多品种、及时准时。为降低配送成本，需要及时减少库存。必须重视"效益背反"现象的存在，配送中心在组织配送时必须通过准确有效的预测，在满足客户需求的前提下实现效益的最大化。

（4）运输工具及方式的选择

在铁路交通便利的情况下，铁路运输适合运输量大、时间长、距离远的货物运送，这样可以大幅降低物流配送成本。铁路是远距离运输的主要方式，它的优点是不需要频繁的启动制动，运行速度快，行驶过程中阻力小且载重量大，降低了配送成本。公路运输适合运输品种多、批次多、批量小、距离近的货物，以及开展送货上门的服务，公路运输的优点是受环境情况约束少，有充分自由的时间和空间，缺点是配送成本太高。水路运输适合那些交货时间不受限制，且具有"大、长、厚、重"特征的货物，这种运输方式的优点是运输成本较低，缺点是受区位、天气情况影响较大。航空运输适合运送紧急救险物资、保鲜物品，优点是速度快，缺点是运输成本太高，且运输货品的数量有限。管道运输适宜运送液体、不必包装的气体以及占地小、有连续性、运输量大的货物，它的优点是公害小、事故少、安全、维修费便宜、基本没有运动部件，缺点是初期投资成本大。

（5）运输通道及线路选择

煤炭运输一般通过铁路、水路和公路及其联运方式进行，首选是铁路，但国铁运力优先，有时不得不通过公路替代。在末端公路配送中，物流配送车辆的优化调度是一个关键问题。

（三）供应链背景下的数字化配煤加工体系

配煤是一项改善燃煤品质的技术，具体而言，就是在原煤加工中根据客户对煤炭品质的要求，将几种不同品质、不同性质的煤炭按照一定比例混合加工，以得到对锅炉燃烧状况最佳的燃料煤的活动。由于不同地区煤炭性质、锅炉类型和规格及环境要求等方面的差别，在配煤过程中可综合考虑对原煤进行筛分、洗选等加工后再相配，同时亦可加入一定的固硫剂、助燃剂等添加剂以取得理想的综合效果。

1.配煤质量管理与数字化配煤

经过一定程序的选择、破碎和按比例配合，将各种类别和品质的煤进行重新分配，并且通过这种技术来将煤的化学成分、物理和燃烧特性改变，从而使其煤质之间得以相互补充，产品的结构得到优化，以此达到用户的燃煤炉对煤质的独特需求，提高燃煤利用率和降低空气污染。这就是动力配煤技术。

就我国而言，炼焦配煤和动力配煤是不同的两个概念。炼焦配煤主要用于生产焦炭。炼焦配煤对于技术与工艺水平要求较高，配煤原理与技术均较为复杂，这里主要讨论动力配煤。动力配煤一般包括工业锅炉用煤、水泥回转窑用煤、蒸汽机车用煤和可供发电用煤等几种形式。这项技术并非简单意义上的将质量不同的各类煤炭进行拼凑，而是牵涉燃烧、煤的质量、自动检测和控制等在内的一项十分繁复的技术系统。

（1）配煤方法

配合是否均匀是在选取不同种类的煤进行搭配时首先要考虑到的问题，而到底选用哪种配煤方法，则由各个用煤炭企业的实际状况来决定，如厂房面积大小、锅炉的容量及煤场设施等。就目前的应用状况来看，质量法和体积法两种配煤方法较为常用。质量法指的是按照一定的比率，将一定数量的煤和其他种类的煤相互配合的方法。体积法指的是按照一定的体积，将一种煤与其他的一两种煤相互配合的方法。另外，床混式、带混式、仓混式和炉内直接混合等也是配煤的主要方式，下面主要讲述：

床混式的配煤地点在煤场。床混式主要是按照一定的方式将各种煤种进行分层堆放，分好后，用取煤机进行纵向式的取煤。这里混煤的平衡性取决于堆煤的层数。它不仅使用方法简单，不需要特殊的设备就能完成混煤，而且数量大，均衡性好，持续时间长。对于固定的电厂来说，这种方式是最佳的、最有效的和最经济的混煤方式。然而，它的缺点在于不能准确地区分煤的质量，因此，也就不能快速地对煤层中各种煤的用量比例作出精准判断。

带混式主要是将两个或者更多的煤按照一定的比例放在运输带上完成配煤。其优点在于方便对煤质作出快速反应。当需要煤质改变时，不需要再重新分配，只需要调节其中不同煤的比例就可以完成配煤，但是这种方式的操作系统很复杂，需要在多种运输带上进行，因此投资比较大。

仓混式就是将不同品种的煤在混煤仓内进行混合配备。这时选用的混合仓一般为多室结构，用于储藏不同的煤质，然后按照一定的比例进行配煤。这种配煤方式操作起来简单、方便，而且占地面积小，噪声也低，也不会对空气形成大面积污染，但是一次混煤的数量有限，不适合用于大型的电厂。

炉内直接混合就是将各种比例的煤从炉膛的不同位置送入。例如，将无烟煤从温度较高的上部区域送入，将烟煤从下面一层的风口输入，这样一来，可以保证无烟煤的充分燃烧和最大供热度。有些电厂为了方便，在燃烧器入口就将各种煤混合，然后进行各种煤之间的切换，进而强化了煤种选择的有效性。这种方法的应用需要深入研究配煤和锅炉的关系，以及较高的管理水平才能很好地加以应用。

（2）配煤的质量标准

由于煤的种类很多，而且煤质也各异，再加之国家对用煤质量没有统一的标准，因此，厂商在划定动力配煤的标准时，必须结合用户对燃煤设备和煤质的要求及煤炭的分布特点来制定合适的配煤质量标准。

对于动力配煤而言,其标准的制定主要包括指标的选取、配备、界定及最终的标准制定等工作。配煤质量控制指标的选取是其中最为重要的环节。质量控制指标的选取应遵守几个规则:对煤的燃烧特性最大限度地估量;测量过程应简单化、可操作化,能实现在线快速检测;与用户对煤质的要求相吻合;与国家有关用煤质量标准的制度相匹配。煤燃烧的相关理论和国家许可的动力配煤所要求的煤质选取标准相结合,可将煤灰熔融性、挥发分、全硫、发热量等作为衡量指标来进行选择。

目前,在我国的大型发电厂,一般均采用煤粉锅炉,虽然对原料煤的粒度方面并无要求,但是考虑到合理供应和有效利用两方面,还是应该以粉煤、混煤和末煤为主。在制定标准的时候,还要考虑到一般的工业锅炉和窑炉对煤的粒度的要求,这样才能更好地实现合理配煤。

煤的结焦性和黏结性也是衡量动力煤的重要指标之一。无结焦性的煤质在燃烧中容易出现粉末,从而被烟气卷走,或被炉排孔过滤掉,而结焦性高的煤则由于炉渣含碳量高,热效率容易挥散而造成火苗不匀,出现火口。因此,结焦性适度对于动力煤最为适宜。强黏结性的煤在我国煤炭资源中所占比例不大,除少数高灰、高硫的炼焦煤用于动力煤之外,大部分都被用作炼焦生产,因此,对动力煤的黏结性指标不能进行整齐划一的规定。

(3) 配煤的质量检测和过程自动控制

质量检测主要包括对原料煤、配煤过程和完型产品三个环节的质量检测过程。它也是动力配煤技术的一个重要方面。检测配煤过程主要目的在于能够时刻把握配煤生产线的运作流程和动态,从而能够适时进行方案调整。要实现自动控制配煤过程,必须采用较为快捷、精准的"在线检测"技术。为了达到这一点,国内很多选煤厂已经安装了在线检测仪,一些大型的煤场也将在线检测技术提上了日程,可以说,我国在线检测技术已经得到了明显的发展。虽然在线检测技术取得了阶段性进展,同时也是实现自动控制的重要步骤,但是在其应用和对配煤过程的自动控制方面仍然有可提升的空间。

（4）助燃剂和固硫剂的研究与开发

我国空气中的二氧化硫排放已经严重超标，这主要与我国窑炉和工业锅炉在用煤过程中没有使用脱硫装置有关。对于造成的污染，在配煤过程中添加助燃剂和固硫剂是一种可行的有效措施。因此，国内的很多环保企业都为此研究开发了各种各样的固硫剂，固硫率可达 40％以上，但就目前技术而言，更重要的是在提高固硫率的同时有效降低固硫剂的生产成本。

（5）配煤工艺和设备

我国虽然在动力配煤技术方面已取得了卓越的成绩，但在配煤工艺和设备的研发方面还有待完善。国内在建配煤场时，主要还是将焦化厂的备煤车间、参考选煤厂等作为重要的参考因子，凭以往的经验进行估算，因此，我国这方面的技术还有待提升。

（6）数字化配煤

配煤工艺的好坏决定于三点：一是精确且连续地分析进场的煤炭；二是精确有效地连续计量不断通过的煤炭；三是合理且便宜地将几种煤炭均匀混合。简单说就是准确分析、准确计量、均匀混合。以前计算机技术不发达时，筒仓式配煤计量与混合相对比其他方式准确，计算机技术发达的今天，人们开始使用先进的放射性传感器及先进的计量技术，配合先进的计算机控制软件准确而快速地进行配煤。

以前人们普遍认为皮带机配煤不精确、环保性能差，现在通过安装传感器及精密计量仪，通过先进的控制软件，可以较为容易地将各种皮带机组合成配煤系统。将皮带机用栈桥或地沟系统进行封闭，不但满足环保的要求，而且占地少，投资少，见效快，配煤成本便宜。

配煤技术是一项较为复杂的系统工程，需要结合所选原煤种类、配煤厂的基础设施等因素进行配煤系统的设计及优化。目前，国内外一些先进企事业单位已经设计出先进的配煤生产线及配煤管理软件。数字化配煤有助于科学配煤，节能增效，保护资源和环境。确定不同煤种混配的最佳掺比必须全面考虑混配煤的性能。不同煤种的质量之间存在着强烈的非线性特性，通过配煤信息系统能够提高煤炭供应链核心企业的配煤加工能力。数字化配煤系统包括：煤质化验管理、燃煤库存管理、卸煤管理、混配煤管理等。其中，煤质化验管理主要功能是输入进场各种煤质化验数据，形成煤质数据库表；燃煤库存管理模块完成存煤情况调查，包括各煤场不同煤种的质量、数量，整理煤场工作安排；卸煤管理模块主要功能是接、卸煤工作安排及卸煤情况登记等；混配煤管理模块主要功能是配煤结果管理、配煤方案设计及管理等。

（四）供应链背景下的煤炭物流库存管理策略

目前，我国煤炭库存管理主要有三大特点：

第一，仍以传统的生产推动对煤炭物流库存进行管理。煤炭生产商开采的煤炭品质决定着消费企业的购买品质，但往往有些库存并不是消费企业的真正需求所在。因为库存对煤炭需求的回应有不确定性，从长远看，库存能满足煤炭消费企业的供应需求，但从短期内来看，实现现代库存管理的数量、产品、时间、地点的准确计量非常困难。

第二，库存由拥有者独自管理。也就是说，生产企业的库存、消费企业的库存、运输节点的库存和中间商的库存等都是各自为政，彼此之间缺乏沟通和交流，从而造成消息的闭塞和滞后。

第三，企业自身的生产运营完全靠库存绩效指标来衡量，以致诸如生产效率、生产情况、库存量变动等产业链上的相关因素均不在考核范畴。

1.煤炭物流库存管理的主要方法

对于煤炭企业的物流规划而言，物资供应不大可能出现"零库存"的现象，这主要是因为煤炭生产的安全、高效、连续性以及煤炭需求的不确定性等特性存在着极强的不稳定性。因此，在合理控制库存的时候，就必须考虑企业的实际，然后运用供应链思想来进行库存在结构、数量和管理等方面的完善和优化。煤炭企业的供应商和煤炭企业的需求量是制约煤炭企业库存的两大重要因素。物料需求的不确定性也造成了煤炭生产本身的不确定。因此，许多企业意识到传统煤炭物流管理的弊端，采用对物品进行统一库存控制的策略，但这又忽视了煤炭供求关系的不稳定性。通常情况下，煤炭生产企业库存管理的目的是应付不确定性的需求和保证供应链的运行连续性。在供应链思想的影响下，出现了三种新型的库存管理方式：一是联合库存管理，在经销商一体化的背景下进行三方联合库存管理，以此来实现风险分担；二是供应商经过用户的允许来决定产品的库存数量及管理方法，这就是我们通常所说的供应商管理库存（Vendor Managed Inventory，以下简称"VMI"）系统，也称为"供应商补充库存系统"；三是将管理权移交第三方物流供应商，由物流外包商来管理库存。煤炭物流企业可以根据市场供需变化及煤企自身的状况来决定采取哪种库存控制方法。

长久以来，在煤炭企业集团内部，各部门、各生产环节、各供应公司和经销商都有自己的一套库存管理策略。由于采取的控制手段不同，因此，也就会出现各种各样的状况。传统的库存控制管理模式下，由于供应链上每个环节的生产经营活动都是同步进行的，因此极易出现重复采购、产品积压、调货不方便、供应商无法及时了解市场状况等情况，也就无从知晓该产品的市场需求度和饱和度，以致无法及时完成生产计划的调整和更新。因此，在这种库存设置与管理都由同一机构来决定时，并不能发挥最佳的市场优势和库存管理模式。例如，一个供货商可以用库存来应对一个用户不可预测的需求（这里的用户主要指的是批发商或分销商，在煤炭企业的物资管理中则指的是各个物资的使用者）。相应地，用户也能通过建立库存来缓解供应商方面的供应链的不稳定。在复杂的供应链中，每个环节、每个部门都想方设法维护自身的利益，这不仅会使得供应链出现断层，也会使供应链无法正常运行。再加上各个组织部门都有自己的一套运作体系，导致库存的反复建设，造成供应链全局成本的增加。

2.供应商管理库存策略的实施

供应商管理库存是以系统化、集约化方式进行的库存管理模式，突破了以往的条块分割式管理模式，因而能够使得供应商得到客户应允而建立相应的库存及库存管理水平。VMI系统的开发和研究，可以在降低供应链生产成本及库存水平的同时对用户进行高质量的服务，从而增加用户对供应商的依赖感和信任度，也使供应商能够及时把握终端市场动态，进行生产和运营管理方面的调整。对库存的了然于心，是供应商建立用户库存的关键所在。这样一来，不仅能够随时对用户的库存状况进行监控，及时掌握用户的动态，对供应链各个环节及时进行调整和改进，而且能够加深用户对库存信息的理解和掌控。实施供应商管理库存策略可分为以下几个步骤：

（1）配送网络管理系统的建立

建立完善的配送网络管理系统，可以使供应商更好地掌握自己的物流信息和流通状况。现如今，很多公司采用诸如 ERP 系统来完成对产品的配送。这些都对建立完善的网络管理系统有很大的帮助。

（2）建立多方情报汇总系统

建立各个生产厂矿、公司及各级经销商的信息库，能够使得供应商及时掌握市场的发展动态和产品的供求关系，及时将各个环节的需求告知公司总部，从而实现物资库存的有效管理。

（3）实现供应商和用户之间的合作协议

供应商和各级经销商及用户等可以通过合同来对订单业务流程、控制库存的情况（最低库存、再次订货率）和传播方式等进行协商。这对双方更好地履行各自的权利和义务起到了很大的促进作用。除此之外，实施 VMI 策略需要将库存配送、补充和控制等全部归结到产品的供应部门，也就是说，物资部门不再是一个单一的部门，而是承担着仓库管理、原料采购、配送，与各生产单位交换信息，以及进行数据分析处理等多种任务的综合性部门，它有效地改变了传统库存管理模式中各自为政的经营管理模式。因此，从某种意义上说，这个时候的物资管理部门，已经不仅仅具有库存的功能，还发挥着与其他各个部门和合作者的信息沟通与协调功能，使得产品流通得以顺利地进行。

（4）强化市场预测

对于煤炭市场而言，首先要进行市场细分，从而发现潜在顾客，进而能够满足顾客的不同需求，再根据各地方的不同需求进行货物配送。预测的准确度往往有赖于煤炭企业与各地经销商及用户之间的默契合作，从而使得产品能够满足用户的需求，同时也不会出现供求关系紧张的现象。

（五）基于供应链管理的煤炭企业物流信息系统

在目前充满变化的、风险多发、环境不确定性显著增加的环境下，煤炭分销物流供应链及时响应各方面变化的能力（包括柔性和速度）是取得竞争优势的关键因素之一。煤炭供应链中的主要信息包括煤炭价格、煤炭质量、煤炭产地与厂商、买方、物流商、物流及库存信息等。可以将这些信息分为两大类：企业内部信息和供应链共享信息。这些信息，尤其是来自最终用户的需求信息对于压缩企业供应链各个方面运作前期和提升企业供应链的敏捷性是非常重要的。随着现代信息技术和网络通信技术的快速发展，信息已经成为供应链各成员、各环节之间进行沟通协调的载体，对提高煤炭分销物流供应链运作绩效发挥着关键性的作用。理论界对信息流的研究也从原有的企业内部信息管理扩展到整个煤炭分销物流供应链的信息流管理。

1.供应链信息基本特征及共享协同

信息在煤炭分销物流供应链各环节的传递形成信息流。供应链的信息流具有系统性、共享性和方向性的特点。按照信息流向，可以将供应链信息分为推进式和牵引式两种类型。信息流在煤炭分销物流的运作中起到控制和协调作用，现代信息技术的发展使供应链成员之间共享信息并实现交互，提高信任度，增强透明度，避免发生矛盾，提高客户响应速度和供应链的合作水平。提高煤炭分销物流系统的信息管理水平对于压缩整个供应链的响应时间，提升供应链竞争优势具有重要意义。

信息协同直接关系到供应链管理的成功与否。供应链各环节的分工合作和各节点企业的信息互动与共享，是确保整个链条稳定运行的基础。供应链节点企业间的信息共享，既可以避免委托代理和道德风险问题的出现，提升供应链整体绩效，还可以使供应链企业间建立长期信任，保持稳定的伙伴关系。

共享信息也存在一定的风险。比如成员企业会因为信息协同而无法获得最大利益。因此，可能出现的情况是成员企业通过故意虚报成本来获取利益最大化，共享信息并不是企业自身生产和经营状况的真实体现，势必造成供应商所承受的风险加大。

煤炭供应链管理信息系统主要涉及四类标准：评估标准、管理标准、技术与机制标准、基础标准。根据标准，这四大类可进一步细分。评估标准主要是依据系统和产品的技术要求及测评准则来制定的，主要分为系统安全评估、安全产品评估以及基础评估标准；管理标准主要是规定管理信息安全的具体措施；技术与机制标准是为了实现不同安全产品和系统之间的一致性、兼容性，以及互操作性而制定的信息安全相关技术领域的基本技术机制；基础标准是用来约定信息安全领域最基本的内容，包括密码技术、保密、安全体系与模型、安全术语等标准，基础标准是制定和使用其他信息安全标准的基础。

2.煤炭物流供应链信息系统的构成

供应链管理系统、ERP系统、客户关系管理系统和资金管理系统是煤炭物流供应链信息系统的关键组成部分。

煤炭供应链管理系统将消费者、运销商、物流企业及煤炭生产企业联结起来，实现各成员企业间的信息共享，其主要模块有进行供应商关系管理和供应商信息管理的供应商管理模块，实现从生产企业、流通企业到煤炭用户的物流信息化管理模块，实现互联网交易的电子商务模块等。

ERP系统主要包括担负仓储管理、库存管理、采购信息管理的物料管理系统，担负销售管理、发货运输、订单管理和发票管理的销售分销系统，担负物料需求计划、生产成本计划及生产信息的生产规划系统和担负利润分析、产品成本分析等的财务管理系统。

客户关系管理系统主要包括集中管理客户资源以深入了解客户需求并发现客户潜力的客户价值分析模块，用于开发市场和挖掘客户的市场营销模块，售后服务模块等。

资金管理系统主要包括着眼于提高运营资金周转效率的运营资金管理模块，着眼于加强采购过程中资金管理规范性的采购资金管理模块，着眼于减少生产环节的各种浪费和合理进行税收筹划的生产资金管理模块，着眼于提高销售回款周期、降低坏账率的销售资金管理模块。

3.铁路货运向现代物流发展

除了世界各国铁路的通病，如垄断和政府经营之外，欧洲铁路未能跟上欧洲统一市场形成的步伐，固守传统的国际联运模式，不能主动应对市场需求的变化。它与美国大型铁路公司通过不断合并以进一步提高效率并加强与公路的竞争能力一起，都对我国铁路目前面临的改革具有很好的参考借鉴作用。我国铁路目前的处境涉及国家政策、外部竞争等诸多方面，但从自身角度看，各铁路局的管内运输比重平均只有40%。因为能够自主设计、独立完成的运输产品较少，铁路企业既不能为市场提供相对完整的运输产品，又不能直接从市场上取得独立的经营收入，其不具备作为真正市场主体的企业的决策和行为能力。仅靠政府的保护和支持并不足以提高铁路自身的竞争能力，也无法实质性地保住市场份额，这里的关键是内部活力的形成，而首先要依赖的就是真正意义上的铁路运输企业能够出现。

改革开放以来，我国经济结构始终处于调整的过程中，现代物流业作为一种新兴产业，已经成为国民经济新的增长点。为了加快经济发展方式转型升级的步伐，现代物流业还需进一步完善，这也为铁路货运改革提供了契机。因此，在现代物流蓬勃发展的今天，在铁路向现代物流领域进行拓展的大环境下，进行铁路枢纽内货运站发展现代物流的研究具有十分重要的现实意义。

从某种意义上来说，现代物流与交通运输都是实现人和物资空间位移的服务活动，但现代物流的服务范围更广，而交通运输提供的服务更狭窄。交通运输服务呈现出网络化的发展趋势，各种运输方式之间协调发展并根据市场需求提供具有指导性的部分供应链服务，运输和物流在这个节点上形成了交融。物流过程的实现需要运输，铁路货运则是以运输装卸及仓储等为主要业务的行业，可见铁路货运的业务已经包含在现代物流的业务功能之中。这种主要业务功能上的继承性和一致性使得铁路货运业向现代物流业的转化比进入一个完全陌生的行业具有更低的"门槛"。没有运输的物流不是好物流，再好的运输也不等于物流。

铁路是综合交通运输体系的重要部分，如果铁路货运面向现代物流去改革，有助于经济结构进一步转型。另外，传统运输业向现代物流业转变是一个比较明显的国际趋势，尤其在一些发达国家有很多成功的范例。在欧洲，德国铁路股份公司根据物流学原理，利用联合运输、服务货主战略成功增加了收入。在国内，诸多成功的物流公司也都是从运输公司转型而来。国际上用社会物流成本与 GDP 的比率来衡量一个国家物流效率的高低，比率越低，物流效率越高。物流技术与交通运输技术相互融合、相互促进、共同发展，已成为现代社会交通运输发展的趋势，也使得经营交通运输的企业进入物流服务领域成为可能。现代物流的发展将改变铁路目前的市场位置，进而将改变铁路在市场中的角色。

随着现代物流的发展，物流活动已经被越来越多的企业作为一个整体来考虑，单一的运输或仓储服务已经很难适应市场需求。基于这一变化，铁路面临的已经不是原来单纯的运输市场，而是包含运输、仓储、配送等各个服务功能的整个物流市场，这样铁路所面临的竞争对手不再只是运输企业，而是各种类型的物流企业。加快铁路物流业发展是实施可持续发展战略的需要，是适应我国快速发展的货流特点的需要，是促进国土开发和区域经济协调发展的需要。因此，将现代物流理念运用到传统铁路货运的发展中去，成为改善运输现状刻不容缓的方针政策。经济结构和产业结构的调整，有相当数量的铁路枢纽货运站在其所在地区经济发展中的地位已经发生了变化。铁路枢纽货运站原有的功能正逐步丧失，面临着设备与设施闲置、效益滑坡等一系列问题，需要重新对其进行市场定位和结构调整，调整经营策略，采取措施开展相应的物流服务，向现代物流领域拓展。

首先，加快完善物流服务功能，尽快实施物流企业战略合作。目前，我国铁路货场的作业主要包括货物的发送作业和到达作业，基本的作业流程即进货、验货、要车、接车、装车、运输、接重车和卸车。我国铁路货场过去只负责"站到站"的运输作业，虽然现在逐步推行"门到门"服务，但是其做法仍然是被分割成三段来办理手续、收费。除此之外，物流供应链两端的集货、配送、仓储等服务均由社会其他物流来承担。

铁路货场作业各环节目前处于顺序衔接状态,作业流通顺畅。但事实上,铁路货场的业务程序十分复杂。客户办理业务时,需要接触的部门分离,办理手续繁多,消耗大量的精力;各环节衔接得不紧密、信息的重复采集造成了流程周期长、时效性不强等问题;流程的缺陷导致货源的丢失和盈利的减少。新形势下要进一步发挥铁路大中型货运营业站的仓储优势,鼓励和引导企业创造条件发展仓储及配送等物流服务,利用铁路货运营销系统的便利性,可以为客户提供市场分析预测等信息服务。另外,铁路应加强与海运、内河航运及公路、民航等其他交通行业的合作,充分发挥各自运输优势,全面推动现代物流业的健康、快速发展。

其次,通过改革铁路货运管理推动发展现代物流。我国铁路货场作业各环节目前处于顺序衔接状态,作业流通顺畅。但事实上,铁路货场的业务程序十分复杂。近几年铁路货运总量虽略有递增,但是占社会总运量比重小,这与铁路运输系统庞大的承载能力不相符。扩大运输市场份额已经成为铁路货物运输系统面临的一个重大问题,而铁路物流的滞后是铁路发展运输市场的一个瓶颈。过去的物流供应链往往被铁路和其他运输方式所分化,导致交接传递过多而引起错误和延迟,流程反应也迟钝。要尽快融入现代物流业的发展,必须审时度势,紧随现代科技的发展步伐,不断变革。尤其应该加快信息化的改造,大力开发物流管理信息系统,达到物流、信息流、资金流的三流合一,发挥其实质作用。铁路物流中心要借鉴"门到门"运输的经验,拓展"全程物流"的理念。货场业务部门若存在重复或者无效的工序,容易导致流程的复杂化和流程的延长。改革的过程中铁路部门要强调"流程"的观念,虽然业务增加,但效率不能变低。各业务部门要打破过去职能层级体制的界限,合理地设置功能业务及其衔接,最大限度精简程序,提高效率,既提供全方位的一条龙服务,又确保高效率的流程进展。改变运输组织方式实行分类运输,将货运站布置成物流中心,以满足不同货物的不同需求。货物品类划分的专管特定货物运输的货运中心,大力发展专门运输,同时兼顾普通运输。另外,很长时间以来,铁路货场都只注重其内部作业功能,而严重忽视了外部社会所需功能,特别是社会所需的物流服务一体化功能。其实,铁路货运站场大多分布在大中城市郊区,且有强大的铁路运输支持。新形势下为适应社会化生产及物流业的发展,铁路货场必须走出固有的内部作业功能服务范畴,充分利用其各项资源为社会提供各种物流服务,把货运站布置成现代物流中心,使铁路货运站发挥集约化物流据点的作用,以发挥铁路在社会物流体系中的应有作用。

最后,合理延伸服务链条、拓展服务领域,为社会提供最优质的服务方式,使客户能得到更方便全面的选择,为整个社会创造福祉。由于铁路物流流程的优化节省了大量装卸搬运等工作,社会物流总体成本就得到降低。另外,在交通方面,又可大大减少社会车辆在交通运输干道的流量,有助于缓解城市交通压力;在环境保护方面,能节省能源,改善空气质量,降低噪声污染等,达到绿色物流的目的。铁路要向现代物流领域进行拓展,作为铁路主要生产部门的货物运输生产,必须根据现实的市场环境和未来的发展趋势,确立合理的市场定位,实现自身角色和功能的转变,从而实现铁路向现代物流的跨越式发展。所以"铁路货物运输要从以大宗货物为主的货物运输向全方位物流承运转变"的目标着实是一项应时之变。铁路物流中心的全程式物流服务,由铁路一方主导,以综合效益最大化为前提,把成本降到最低,为客户减少支出。质量更高、更好的全方位服务,可以满足客户多样化、个性化的需求,在与其他物流服务的竞争中,有助于增强市场竞争力,吸引更多的货源,提高铁路产品质量。简化服务办理手续,加大服务范围,以及推出"一票到底""门到门"运输等优质服务,可以打造高效、快捷、诚信的铁路品牌价值。把现代物流作为铁路货运改革的重要方向,这是符合国民经济转型要求的。

三、解决煤炭市场供需失衡的问题

（一）保障煤炭产品质量及稳定供应水平

在我国煤炭市场，生产链条仍旧属于资本产出，弹性高及资本滞后性更为明显，为破除以往煤炭产能过剩的问题及煤炭市场供需失衡，需要充分发挥政府宏观调控作用。首先需保障煤炭市场产品质量及稳定供应水平。产品质量始终是企业未来发展的根基。对使用频率高的消费物品而言，质量是衡量产品价值的核心要素，煤炭的综合质量水平在一定程度上影响煤炭企业、市场需求及与用煤方的良好合作关系，为保障煤炭市场稳定供需，消除以往供需失衡的弊端，需要煤炭生产企业不断提高产品质量。在煤炭开采过程中提升配采合理性，强化煤质管理，尤其在原煤洗选和洗煤加工等方面实施全周期、全过程质量管控。与此同时，煤炭企业需要对现有煤炭市场进行精准划分，明确煤炭产品的主要特点和未来市场潜力，充分挖掘企业内部综合优势，在实现成本控制的同时，确保煤炭产品价格适当。不仅如此，还要增强煤炭市场的供应，提高当前煤炭市场中的原煤供应比例，特别在原料市场方面可以将原煤供应链条向下游传导，既节约生产成本，也能保障高附加值，有利于减少原煤市场价格在短时间内出现大幅度变化的情况。在此期间，发挥少量高价原料煤的作用，让其成为煤炭市场的价格"天花板"，实现价格锚定效应和市场的资源配置作用，同时鼓励更多煤炭资源进入煤炭市场之中，有效推进"双碳"战略的实现。

（二）逐渐减少对煤炭价格的管制

2020年，我国发布了一系列煤炭长协定价机制及相关要求，针对煤炭企业与用煤企业的中长期合同明确签订要素和履约巡查机制。从2021年第三季度开始，各部委针对煤炭价格进行综合调控，并针对坑口、港口实现同步限价，但是整体执行效果却不明显。出现此类问题的最主要因素在于，此类限价政策在煤炭市场落实效果不佳，执行难度大。我国有很多民营煤矿，在坑口限价方面政策支持力度不高,除了与煤矿达成长协关系的用户之外,其他用户为满足正常生产,如果限价煤炭的采购量不高,必然会转向高价煤,导致煤炭限价失效。对此需要逐渐减少对煤炭价格的限制,避免发生煤炭价格虚高、资源短缺的假象,同时发挥价格对供需关系的传导作用,逐渐取消对动力煤价格的管制。虽然煤炭价格会在原有标准上适当上涨,但也会在一定程度上推进社会实现节能减排,落实碳中和和碳达峰战略目标。可以在煤炭进口方面应用相对较高的煤炭价格,减少国内煤炭产能压力,产生的超额利税可以直接补贴供电、供暖行业及需要燃煤取暖的农民。当前我国过剩产能淘汰出清工作效果明显,煤炭市场集中水平大幅度上升,但是煤炭产能短缺及煤炭价格升高,必定会推进煤炭企业提升综合产能,加大投资力度。

(三)着力建设煤矿弹性产能制度

近五年来我国煤炭市场价格波动明显,2021 年煤炭价格呈现先跌后涨的态势,10 月中旬前后突破历史新高,部分原因在于我国煤炭市场供需错配、资源不足。当时国内煤炭产量远远达不到预期标准,加上我国当时鼓励公众就地过年,导致煤炭企业放假时间相对较短。直至 6 月份前后,我国各地煤矿事故多发频发,很多煤矿停产检修,导致国内煤炭产量与预期标准不符。煤矿产能建设周期长、资金消耗量大,如果划定单一化产能标准很容易导致产能不足或出现过剩问题,单凭市场进行调节,整体时间周期过长,不利效果更为明显。可以建立弹性产能制度,由国家牵头建设煤储基地,有效应对各地煤炭市场波动。值得注意的是,煤储基地的建设需要耗费大量空间,且煤炭资源在存储过程中专业性要求更强。如果存在自燃、风化因素,很容易导致煤炭发热量降低,造成煤炭储备量相对有限,只能针对季节性价格波动问题进行控制,对此需要切实转变思路。在弹性产能制度建设中,可以直接将煤炭产能存储地下,严格落实监管办法,分别按照正常产能和储备产能两个维度进行煤矿产能估算,及时剔除安全风险较小的系统,将煤炭产能风险系数高的系统判定为储备产能。当整体煤炭市场产能不足、煤炭价格升高时,可以适当调用和释放储备产能,发挥资源的调节和控制作用。

（四）对煤炭市场异常情况进行监测和预警

当前我国针对煤炭价格进行实时监控，2023年5月上旬全国煤炭价格再次呈现下跌趋势，无烟煤、焦煤的跌幅最大，动力煤中各煤种价格也呈现下跌趋势。针对煤炭市场的价格异常波动问题，需要提高市场监测预警效果，提前明确价格监测指数，确保更加全面、客观反映煤炭市场中原煤以及相关产品的价格变化。当煤炭市场需求提升，价格升高时进行有效预警，确保煤炭产能利用率始终处于合理区间，实现煤炭市场的长期稳定，同时将以往单一调控煤矿产能的情况转变为提高煤炭开采产能利用效率。

四、完善煤炭企业财务管理机制

（一）完善财务管理体制

1.建立科学的财务管理运行机制

目前，部分煤炭企业的财务管理滞后于市场经济对企业的要求，影响了企业效益水平的提高，妨碍了现代企业制度的建立。因此，要深化财务改革，重新构建与市场经济相适应的企业财务管理机制，并从管理理论和管理实践上不断深入地研究生产和生产管理方式，寻求能适应生产需要的、大量运用新科技的、新的管理理论和管理方法，以适应激烈竞争的市场环境。

2.优化财务机构设置与提高财务人员素质

煤炭企业财务管理实际应减少中间管理层级，提高财务管理工作效率，增强财务工作灵活性。调整财务机构设置，在紧缩会计核算机构的同时，增加财务管理中的预算、本钱、稽核、内部审计等机构（或岗位），充实专职、高素质的综合管理人员。

现代财务管理对财务人员提出了更高要求，其职能要转向财务分析、预测与财务风险的防范。因此,财务人员要加强学习,大力提高自身综合素质,既要精通财务业务知识,又要学习现代科技知识,熟练掌握信息、网络技术,提高在财务工作中运用和驾驭现代高新技术的能力。

(二)提高企业信用,加强企业的财务风险意识

首先,企业应加强自己创造效益的能力,提高管理水平,提高劳动生产率,增强企业的盈利能力、偿债能力,注重企业信用的建立。企业信用是企业的无形资本,可以降低煤炭企业市场交易的成本。其次,煤炭企业应该在充分了解自身的情况下,对投资的项目进行科学合理的评估,保证自身企业的营运资金可以支持投资,并安排投资计划。并根据计划进行生产、经营,保证企业资金周转良性循环,防范资金风险。建立风险监控和预警机制,对企业的财务情况进行实时的监控,及时发现问题,调整财务政策。最后,对煤炭企业多元化的经营范围,经营领域进行审慎的评估,确定是否有融资、投资的必要,降低企业的财务风险。加强对子公司的财务监督,确保经营成果和资金供给的科学性和合理性。

(三)全面提升会计管理信息化水平

建立适应信息化发展的经济、法律和道德环境,加强对会计人员的管理,保证电子数据的合法性。目前国内ERP决策辅助信息化水平还有待进一步提高,煤炭企业应该根据自身特点,对各子系统和各子资源进行整合,把影响企业经营状况的各种宏观与微观因素都整合入系统中,利用现有的ERP系统决策辅助功能,发挥其在财务管理、投资决策中的作用。煤炭企业还可以结合成本核算子系统、生产核算子系统和财务管理子系统,实现信息共享,最大化地发挥ERP平台的作用。

(四)加强煤炭企业财务预算管理

预算是企业财务管理的重要内容,是新的一年企业资金运作的依据。在煤

炭企业的预算管理中，要实行全面的预算管理，将预算体系进行横向、纵向层层分解，使预算落到每一个角落。将资金在各个部门之间进行科学的分配，保证预算的全面、科学、公平。建立健全煤炭企业的财务监控力度和监控机制，对每一笔资金的流动有清楚的记录；建立事前的财务预算管理机制，使资金的流向和资金的预算相符，让资金的流转透明化，保证资金的有效运作。

实施全面预算管理是煤炭企业集团加强科学管理的需要，是贯彻（集团）公司经营思想，落实集团财务目标的需要，是加强对分公司、子公司财务控制的需要。全面预算管理是一个系统工程，需各方面密切配合、精心组织。预算的编制要以企业集团总体方针、目标、利润为前提，统筹兼顾，采用"自上而下，上下结合"的程序进行编制，做到从各分、子公司的实际情况出发，保证集团总体目标的完成，全面预算管理具有"全员""全额""全程"的特点。

企业集团要以发展规划为导向，以年度预算为控制目标，以滚动执行预算为控制手段，建立覆盖生产、销售、供应、筹资、投资、研发等各个方面的全面预算管理体系。预算主要包括业务预算、资本预算、筹资预算和财务预算。通过全面预算管理，可加强对现金收支的控制，增强企业防范与化解风险的能力，强化财务监督职能，有效地提升经营管理水平。

（五）加强煤炭企业财务管理监督工作

1.加强企业资金管理

为提高企业管理水平，挖掘资金使用潜力，加速资金周转，防止资金流失和体外循环，降低企业经营风险和财务风险，要以财务管理、资金管理为中心，将（集团）公司的所有资金流纳入预算管理的范畴内，并根据效益优先和稳健性原则，合理安排资金的使用方向。要以资金的集中管理为前提，有效地解决在资金管理上存在的资金管理混乱的局面，加快资金周转速度，减少资金沉淀，进行（集团）公司资金的管理和控制。结算中心要坚持效益优先原则，实行总量平衡，以收定支，按期编制（集团）公司年度、月度资金预算，并组织落实、实施。

2.强化企业成本核算

成本的高低是影响企业生存和发展的关键问题之一。企业成本水平的高低，决定着企业参与竞争的成败，所以，研究成本、降低成本是企业生存和发展所在，是提高企业经济效益的根本途径。可见，成本管理，是企业生产经营活动的关键环节，是企业参与平等竞争的重要前提，是反映企业工作质量和劳动成果的综合性指标。

3.加强企业费用控制

煤炭企业进入市场以后，国家给予政策性的亏损补贴相继削减，加之客观增支因素不断增加，成本水平居高不下，给煤炭企业成本管理提出了新的课题。特别是煤炭企业属于地下开采业，成本构成复杂且变化大，因此，必须加强煤炭企业费用控制，节约成本。煤炭企业实行费用预算制度，每年年初由各级职能部门（包括子公司）编制本部门费用支出计划，经各级财务管理部门审核，总经理办公会讨论通过，并向董事会汇报。部门职能总费用应控制在预算费用之内，如果突破年度预算，部门报专题费用报告经总经理办公会审批确定。部门预算总费用中的非经常发生项目，于预算报批时应附专项说明，于实际发生时仍应事前出具专题报告，按程序报批。

各部门总经理在部门工作安排中主动控制、压缩费用，对本部门的各项费用的必要性、合理性负责，对本部门总体费用水平的合理性负责；财务部总经理维护费用管理制度的正常执行，对重大开支发表意见，审批1万元以下付款，组织费用报销工作和信息通报工作；分管部门副总审批分管部门的非例常性费用和重大开支，确认这些费用的必要性、合理性；公司总经理对1万元以上非例常性费用和资产购置开支，具有立项权与否决权。

各子公司根据经煤炭企业总部批准并下达的经营计划，对费用进行控制。公司制定统一的费用核算制度，各下属子公司按固定格式每月上报费用明细表，总公司定期进行汇总、分析，找出差异及原因，从而采取有效控制措施。同时，要加强财产管理。坚持每季度清查一次，清查结果报煤炭企业总经理审阅，对财产的购置、用途、维修和报废，统一由综合管理部门管理。实现财务审计部与综合管理部门各有一套完整的账目，确保煤炭企业财产的不流失。

4.搞好企业财务监督

在企业公司化、法人化条件下，财务管理范围和内涵都延伸了，如何搞好财务监督是财务管理人员必须解决的问题。因此，把企业财务监督工作提高到促进科学管理的水平上来，着力抓好成本管理、资金管理、物资管理等容易出现问题的环节，成为当务之急。要向子公司委派财务总监进行日常财务监控，加强内部审计以实现对子公司的财务监督。要完善企业内部审计机构，建立健全企业内部审计制度。

财务管理要根据企业内部管理模式和内部考核方式决定管理手段，无论采取何种管理手段，都应充分利用财务预算、成本控制、财务监督等管理手段。努力推进企业财务工作由核算服务型向主动管理型转变，通过财务管理向企业决策者提出各项经营分析与建议。

（六）提高煤炭企业适应与应变能力

煤炭企业应把财务管理置于国家乃至国际的宏观经济和金融形势中分析，把握其变化趋势及规律，并制定多种应变措施，适时调整财务政策，改进财务管理办法，提高煤炭企业对外部环境变化的适应能力和应变能力，以此降低外部环境变化给煤炭企业带来的系统性风险。同时，煤炭企业应完善财务管理体制，配备高素质的财务管理人员，健全投融资管理制度，强化财务管理基础，使煤炭企业的财务系统有序运行，防范因外部环境的变化而可能引发的财务风险。

五、创新煤炭企业财务管理模式

（一）树立科学的财务管理理念

煤炭企业管理人员应当重视财务管理各个环节的工作，不仅要重视财务核算的相关工作，还要重视财务目标的制定与实施等财务管理内容。煤炭企业应当树立科学的财务管理理念，帮助自身实现转型和高质量发展。财务人员应当将科学的财务管理理念融入财务工作中，不仅要提高财务管理工作效率，还要注重财务管理工作的实效性。

（二）强化企业的财务风险甄别与监控力度

伴随着时代持续发展，大数据技术发展速度不断加快。煤炭企业内部财务管理模式创新，也要适当渗透大数据技术，落实无纸化办公。煤炭企业在现阶段财务管理中还无法独立运行，虽然大数据技术可以有效提升财务数据的全面性，但是也存在一定的安全性漏洞，提高财务风险事件发生概率。为有效解决该问题，各煤炭企业可以将大数据技术引进财务管理体系中，构建财务独立系统。该系统能够检测各部门财务信息情况。同时，在检测财务部门有关工作过程中，将数据信息添加到财务系统当中，有效节约企业人力与物力方面的投入，规避信息泄露问题。煤炭企业对于自己面临的税务稽查风险，要加强管理意识。一方面，煤炭企业要正确认知税务宏观环境，将税务稽查风险视作重大风险并加以管理；另一方面，提升企业管理层对于税务风险控制的有关要求，借助构建考核体系，提升管理层对财务管理工作的关注和重视程度。同时，煤炭企业要面向广大职工普及税法有关知识，树立风险意识，明确大数据时代企业税务稽查风险对企业的影响，并在各项业务具体处理和实施中，将涉税风险视作重点内容，提升大数据时代煤炭企业在税务稽查风险层面的预防与控制能力。另外，煤炭企业还要构建相应税务管理机制与税务管理手册，主要涵盖申报、税务缴纳与报表推送等诸多环节，基于国家层面税收政策的变化和更新，及时修改与调整财务管理制度。并且，指向稽查部门构建完善的交流平台，及时汇报企业方面最新业务，积极征求相关部门税务处理意见，把握政策变化最新动态，在根本上规避税务稽查风险。

（三）持续提升财务管理的创新能力

一方面，财务人员应当逐渐树立创新意识。将创新意识贯穿于财务工作中，通过实际经验提升创新能力；同时，财务人员还应当不断学习财务方面的专业知识，注重自身综合素质的提升，这样才能不断提升财务管理的创新能力。另一方面，加大资金和技术等投入力度。为保证创新能力的提升，煤炭企业应当投入一定量的资金和技术，用于相关人员培训和财务系统的更新，从而为创新能力的提升提供基础条件。

（四）推进财务管理精细化发展

一方面，煤炭企业应制定财务管理精细化制度和原则。通过制度和原则的建立，约束财务人员及相关人员的行为。同时，财务管理精细化制度和原则也能够用于指导实施过程中，从而有利于企业财务管理精细化的全面推进。另一方面，有选择、分步骤地实行财务管理精细化。煤炭企业财务管理涉及的内容较多，工作量相对较大，因此应当有选择地实施精细化管理，再分步骤推进，最终实现财务全面精细化管理。

（五）促进煤炭企业财务管理资源共享转型

当今是信息化社会，我国煤炭企业在开展财务管理工作中，需要持续强化网络建设与大数据技术应用，不断顺应财务管理环境新变化。在煤炭企业财务管理工作当中，大数据技术主要借助互联网与计算机来处理、解决财务管理中产生的各类问题。大数据视域下，煤炭企业可以基于自身实际状况，构建与之对应的财务管理系统。比如，煤炭企业各部门均可借助局域网落实财务数据信息共享，便于工作人员及时更新财务数据信息，借助构建与其对应的电子化档案与数据库，在提升财务管理工作质效的基础上，也可以促进煤炭企业财务管理良性发展，从而持续提升财务管理成效及核算质量。唯有如此，才能持续提升资源分配效率，不断优化与创新财务管理模式，从而在管理层进行决策时可以为其提供精准、科学的依据。

（六）全面加强煤炭企业信息化管理的水平

大数据视域下，煤炭企业若想促进财务管理模式的有效创新，关键在于要加强财务管理工作信息化水平。企业借助财务管理工作的信息化发展，有效降低内部生产成本，改善资源分配情况，提高经济效益。同时，借助信息化技术能够强化对各子公司内部财务管控，切实规范其财务核算手段与管理风格，促使煤炭企业管理打破地理位置限制，强化煤炭企业内部凝聚力，落实财务数据的同步管理，切实提升整体管理成效，强化企业核心竞争力。全面加强煤炭企业财务管理工作信息化水平，一方面要完善内部网络信息建设工作，积极推动网络覆盖范围的扩大，企业经营活动全面触网，使经营数据信息均体现在管理系统当中；另一方面，要构建数据集中处理和分析平台，全面融合企业财务和业务数据，促进财务和业务实现一体化发展，打破煤炭企业存在的信息孤岛现象，打破财务数据壁垒，以便为管理层供给可靠性与及时性数据信息。

（七）以大数据技术为依托，加强全面预算管理

所谓全面预算管理，即以全面预算为根本，涵盖预算编制、控制、调整与预算分析及考评等，借助各环节良性循环落实事前、事中及事后全方位的系统性闭环管理。全面预算管理能解决企业内外部及各组织资源协调配置问题，落实整体目标的系统化管理。大数据视域下，预算管理对煤炭企业财务管理模式创新有着重要意义。煤炭企业将全面预算管理融入财务管理模式中，可以明晰母公司与子公司的权利与责任，优化财务管理质效，落实资源的科学分配。同时，通过全面预算管理能够层层分解企业财务预算目标，层层传递压力，各职工均承担一定工作指标，激发煤炭企业所有职工工作积极性，保证企业战略目标贯彻落实。提升企业全面预算管理，一方面，要健全全面预算管理数字化及信息化体系，促使全面预算管理涉及的相关数据和EPR等管理系统充分对接，促进煤炭企业内部业务预算、财务预算、资本预算及薪资预算充分结合，持续健全全员、全流程及全要素预算管理机制，为全面预算管理有效实施提供有效且及时的数据信息；另一方面，充分发挥企业信息化系统的预算分析及数据挖

掘等能力，对预算管理实施状况展开全方位跟踪、比较与反馈，生成预算执行报告，以报告数据为基准调整煤炭企业下一步发展战略。另外，要借助预算的科学考核及评价，制定严格的预算管理机制，突出预算管理所具备的权威性及对煤炭企业具体生产运营工作的指导功能，实现预算业务的闭环式管理，使煤炭企业经营决策更具智慧，全面提高经营管理能力和水平。

（八）健全煤炭企业成本控制及财务预警机制

如今，煤炭企业正面临市场经济下行的巨大压力与激烈的社会竞争环境，这要求煤炭企业财务管理模式从以往的成本管理转变为以竞争优势为着眼点的战略成本管理，由以往的成本核算转变为成本控制，由成本经营性控制转变为规划性控制，由静态化成本管理转变为动态化成本管理。作业成本法凭借其可以精准核算成本与充分利用资源的优势，引起大众广泛关注，但其复杂的操作导致具体实施受到限制。在大数据环境下，煤炭企业可以借助大数据技术深入发掘成本动因，精准核算成本，落实结果分析朝着过程控制转化。同时，企业内部财务工作者要借助成本控制系统，精准汇总与分配各项成本，深入分析成本组成要素，区别各产品营销的利润贡献差，落实过程控制的绩效评价和考核。为全面把控企业项目风险，应在大量财务数据信息当中筛选具备预警属性的数据，借助大数据技术和信息化技术建设项目预警平台。该平台会以项目特征为基准，在合理的预警周期内对决策主体发出预警信息。大数据视域下，煤炭企业可以构建出口退税日期预警、代垫货款总额到限预警、贷款到期预警、产品库存预警、应收账款日期预警及供应商保函日期预警等，由决策主体借助预警平台筛选风险区，确保煤炭企业运营目标真正落到实处。

第三章　煤炭企业生产经营管理战略与决策

第一节　煤炭企业经营思想

煤炭企业经营思想是指煤矿从事生产经营活动，解决经营问题的指导思想。它是由一系列观念或观点构成的，是对经营过程中产生的各种关系的认识和态度的总和。

经营思想的正确与否直接关系到企业经营的成败。在生产经营活动过程中，企业所遵从的经营思想主要包括如下内容：

一、市场观念

市场观念是企业经营思想的中心。树立市场观念，应当把用户的需要和利益放在第一位，为顾客提供最适宜的产品和最佳的服务，用创造性的经营满足顾客的需要，以此求得企业的生存与发展。

二、竞争观念

在市场经济条件下，竞争是企业生存与发展的必然行为。树立竞争观念，要把企业置身于竞争的环境中。在国家政策法令和职业道德允许的范围内积极开展竞争，充分发挥自己的专长和优势，使自己的产品或经营方式具有特色。

三、人才观念

人才是企业经营活动的主体，是企业最宝贵的资源。当今企业的竞争，既是经济实力的竞争，又是技术知识的竞争，归根到底是人才的竞争。树立人才观念，要求企业尊重知识和人才，重视人才的培养和合理使用，不断提高人的素质。

四、创新观念

企业的生命力在于它的创造力，不断创新的精神是企业经营成功的力量源泉。企业所处的环境瞬息万变，市场竞争日趋激烈，永不满足已经取得的成就，永远有新目标，永无止境地进行探索与开拓，就会使企业取得惊人成就。

五、效益观念

提高效益是企业经营管理的中心任务，也是发展社会主义市场经济的基本要求。树立效益观念，要求企业用尽可能少的劳动消耗与劳动占用，提供尽可能多的符合社会需要的产品或劳务。提高经济效益并不是单纯地为了盈利。社会主义效益观念，要以社会主义生产目的为指导，处理好使用价值与价值的关系，处理好企业经济效益与社会效益的关系，处理好当前经济效益与长远经济效益的关系。

六、战略观念

战略观念是企业经营思想的综合体现，居于一切经营观念的领导地位。战略观念是指企业为实现经营目标,通过对企业外部环境和内部条件的全面估量和分析,从全局出发而作出的较长时期的总体性谋划和行动纲领。它具有全局性、长远性和风险性的基本特征。企业经营成功之道,就是不满足现状,高瞻远瞩,面向未来,胸怀全局,实行战略经营和战略管理。

七、资本经营观念

资本经营是把企业的一切生产要素资本化,即企业拥有的各种形态资本都可作为经营的价值资本。因此,企业管理者必须树立资本经营观念,通过优化资源配置进行有效经营,从而促进企业资本的合理有效流动,以实现资本最大限度地增值。

第二节 煤炭企业生产经营环境与目标

一、煤炭企业经营环境

企业经营环境是一个多主体、多层次、发展变化的多维结构系统。由于研究环境的目的、任务、要求各不相同,因此对环境的划分方法也不相同。以时间为坐标,可以分为过去环境、当前环境与未来环境;以空间为坐标,可以分为微观环境、中观环境和宏观环境;以企业与环境的关系来划分,可分为直接环境与间接环境。

煤炭企业经营环境主要包括外部环境和内部环境两个方面。外部环境直接或间接地影响企业的发展,内部环境决定了企业的竞争能力和应变能力。

（一）煤炭企业经营的外部环境

企业外部环境是指企业外部影响企业生存与发展的各种因素的总称。企业的生存与发展，取决于它对外部环境变化的适应程度、应变能力和驾驭能力。根据外部环境对企业的影响程度，一般分为间接环境因素和直接环境因素两大类。

间接环境因素，一般是指影响企业的宏观环境因素，如政治、法律、经济、科技和文化环境等。它们发生重大变化时，无形地会给企业的生存与发展带来重要影响。

直接环境因素，一般是指能直接影响企业的生产经营，与市场相关的一些环境因素。它包括需求因素、资源因素、竞争因素、分销因素和直接相关政策因素等。

（二）煤炭企业经营的内部环境

1.企业内部条件分析的意义

不断变化的外部环境给各企业带来了潜在的可加以利用的机会。但是，只有具备了能够利用这种机会的内部条件，这种机会才是企业现实的机会。环境赋予的机会使企业已具备的长处得以施展，而企业的短处却限制了它对外部环境所提供机会的利用。不少企业的经验证明，有的企业环境十分有利（如产品畅销），已建立了一定的市场信誉，但由于关键资源的短缺（如缺少资金、场地等），而错过了迅速发展的机会。也有的企业虽然环境不利（如有明显竞争优势的进口产品投入市场），但是它发挥了自身独特的长处（如优良的售后服务），而能立于不败之地。因此，系统地分析企业内部条件已成为将企业有限资源最有效地运用于为外界提供机会的关键，具有十分重要的现实意义。

2.企业内部条件分析的内容

企业内部条件分析的主要内容有企业素质与企业活力分析、企业产品与市场营销分析、企业经济效益分析和企业资源分析。

（1）企业素质与企业活力分析

企业素质是指构成企业各要素的质量及其相互结合的本质特征。它是决定企业生产经营活动所必须具备的基本要素的有机结合所产生的整体功能。看一个企业的素质好不好，主要的不是看它的规模大小或职工人数的多少，而是要看这个企业的"质量"好不好。同时，企业素质是个"动态"概念，企业素质的好坏不仅与其"先天"的因素有关，还与其"后天"的因素有关，即创建后科学技术的发展和社会消费结构的提高都对企业素质提出了新的要求，企业应不断改善和提高自己的素质。企业素质包括三个方面，即技术素质、管理素质和人员素质。企业的技术素质是企业素质的基础，主要包括劳动对象的素质，即原材料、半成品及产成品的质量水平。企业的管理素质是企业素质的主导，是技术素质得以发挥的保证。它包括企业的领导体制、组织结构、企业基础管理水平及合理的方法、合理的手段、管理制度的水平、企业领导层经营决策能力、企业文化、经营战略。企业的人员素质是企业素质的关键，主要包括企业干部队伍素质和职工队伍素质。干部队伍素质包括企业经营者、管理者、科技人员的政治素质、文化素质、技术素质及身体素质，以及与各种工作结构的配套情况；职工队伍素质包括基本生产工人、辅助生产工人、生活后勤工人等的政治思想素质、文化素质及身体素质等。与此同时，人员素质还包括企业各部分人员的年龄结构、文化结构、技术结构及员工的作风、觉悟、工作积极性和主动性的高低。企业素质通常通过企业能力得以反映，企业能力是企业素质的表现形式，主要包括四种能力：产品的竞争力、管理者的能力、生产经营能力和企业的基础能力。

企业活力是指企业作为有机体通过自身的素质和能力在与外界环境交互作用的良性循环中，所呈现出的自我发展的旺盛生命力状态。所谓交互作用，是指企业的活力既不完全取决于外界环境，也不完全取决于企业自身素质，是二者不断相互作用的结果。所谓良性循环，是指在内外环境交互作用中，要不断地向更好的方面转化，并在转化中达成新的平衡。

企业的活力大致有四种状态，可用一个四象限图来表示，如图3-1所示：

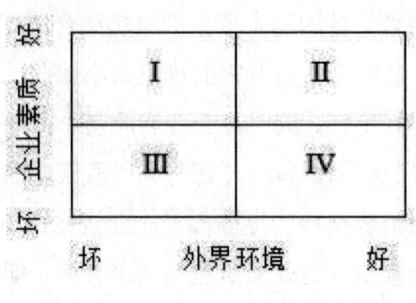

图 3-1　企业活力图

第 I 象限——外界环境适合企业发展，企业自身素质好，则企业活力强。

第 II 象限——外界环境不适合企业发展，但企业素质好，则企业活力不会很强。

第 III 象限——外界环境不适合企业发展，企业自身素质又不好，则企业活力差。

第 IV 象限——外界环境适合企业发展，企业自身素质不好，则企业活力不强。这是因为企业如果不注重自身素质的提高，在良好的外部环境下，即使企业在一定时期内可能呈现出活力，最终也会由于自身素质不佳而在激烈的市场竞争中被淘汰。

影响企业活力的因素主要是其获利能力、竞争能力、生长能力、适应能力和凝聚能力。企业获利能力是企业赖以生存的最基本的要求，是企业竞争能力、生长能力、适应能力和凝聚能力的基础和综合体现，是企业活力的结果。企业竞争能力是企业生存本能的表现。企业有竞争才有活力，只有有了竞争，企业才会有压力。凡是在社会竞争环境中能够生存的企业，必然是有活力的企业，否则只能在市场竞争中被淘汰。企业生长能力是企业在竞争中生存的前提条件，企业的生存必须建立在扩大再生产的基础上，否则企业必将失去生存能力。企业适应能力是企业对外界环境的应变能力，主要是通过改善企业经营管理来实现的。企业要根据市场需求和外界环境的变化对生产进行调整，调整得越及时、越顺利，企业应变能力就越强。企业凝聚能力是以企业职工对企业的态度表现出来的。凝聚力的强弱，关系到企业职工积极性和创造性及企业整体功能的发挥。通过分析企业活力的结构，可以找出企业的薄弱环节，然后对症下药，有效地发挥企业的整体功能。

（2）企业产品与市场营销分析

企业的生产经营与市场需求之间的统一，是通过特定产品来实现的。企业产品分析主要是产品市场竞争力分析和产品结构调整分析。从产品市场竞争力分析来看，主要是对企业当前销售的各种产品自身的市场地位、盈利性、成长性、竞争性进行分析。

企业市场营销分析，主要包括三个方面的内容：

第一，销售渠道分析。销售渠道是使商品从一个生产领域向另一个生产领域或消费领域转移所经过的流通途径，以及商品的交换结构和形式。销售渠道分析主要是对中间商作用进行分析，对消费资料市场或生产资料市场的销售渠道结构进行分析。销售渠道的选择要根据产品的种类和性质、行业的销售习惯、市场竞争关系、零售商分布状况、企业本身的条件及国家政策等因素进行综合评价和分析。

第二，促销活动分析。促销的主要任务在于传播信息，提供情报，使消费者对本企业产品产生偏爱进而达到稳定销售、扩大销售的目的。企业促销活动的主要手段有四种，即广告、人员推销、企业的公共关系及营业推广。这四种手段各有其优缺点和适用范围，通过相互组合、相互补充，可收到事半功倍的效果。促销活动分析主要是对促销活动经费占销售额比例的分析，促销活动方式选择及组合是否恰当的分析，促销人员素质分析和促销活动效果分析。

第三，企业营销能力分析。企业的市场营销能力是适应市场变化、积极引导消费、争取竞争优势以实现经营目标的能力，是企业决策能力、应变能力、竞争能力和销售能力的综合体现。因此，掌握和分析企业的市场营销能力是分析企业内部条件的中心工作。企业市场营销能力主要包括产品的市场竞争力，销售活动能力，新产品研究与开发能力及市场决策能力。由于市场营销能力离不开市场环境的影响，因此市场能力分析应与市场环境分析结合在一起进行。

市场环境包括基础环境（即政治环境、人口环境、经济环境、自然环境、科技环境、社会文化环境）和相关环境（即供应者、竞争者、营销中间人、顾客）。

(3) 企业经济效益分析

经济效益一般是指消耗、占用与成果的对比关系。提高经济效益，就是要以尽可能少的各类资源的消耗和占用，生产出适合社会需要的物质财富，获得更多的产出。经济效益的计量比较复杂，有些内容须通过学习企业财务管理来专门研究，这里仅就评价标准、评价指标和分析方法作介绍。

企业经济效益的评价标准。经济效益分析以比较法作为基本的分析方法。一般以企业经济效益现状与各种标准进行比较，通常进行五种比较：第一，与上一年同期实际水平相比较；第二，与本企业历史最高水平相比较；第三，与同行业的平均水平相比较；第四，与同行业的先进水平相比较；第五，与国际同行业先进水平相比较。

企业经济效益的评价指标。分析和评价企业经济效益的指标有三类：生产经营效果指标，消耗及消耗效果指标和资金占用及占用效果指标。每类指标包括若干具体的绝对值指标和相对值指标。生产经营成果指标包括资产报酬率、所有者权益报酬率、销售利税率、销售收入及其增长率、税前利润及其增长率、税金及其增长率、人均销售收入及其增长率、人均税前利润及其增长率和人均税金及其增长率。消耗及消耗效果指标包括销售利税率、成本利润率、单位产品成本、单位产品人工成本率、单位产品材料成本率和单位产品费用成本率等。资金占用及占用效果指标包括总资产周转率、固定资产周转率、流动资产周转率、资产报酬率、存货周转率和应收账款周转率等。

企业经济效益分析方法。经济效益分析可采用某些统计、数学等具体方法，企业应根据分析的目的、企业的特点及掌握资料的性质和内容来决定。

企业经济效益综合分析。分析企业经济效益，一般分析企业收益性、成长性、流动性、安全性及生产性，又称"经济效益的五性分析"。

(4) 企业资源分析

企业中主要有五类资源：

第一，财力资源分析。财力资源包括企业财务的优势与劣势，短期的财务形势，通过分析找出企业财力资源存在的弱点，以便采取措施加以改进。

第二，人力资源分析。人力资源管理的结果和最终目的是要提高员工和企业的工作效率和效益。

第三，企业物力资源条件分析。企业的厂房、设备是固定资产中的主要部分，它是物化了的科学技术。衡量一个企业的特征，不仅要看它生产什么，还要看是用什么生产工具进行生产。

第四，企业技术资源分析。一部企业发展史就是它的技术进步史，企业技术进步对企业的生存和发展的影响是全面而深刻的。因此，考察企业技术资源是分析企业内部条件非常重要的一个方面。

第五，企业管理资源分析。管理也是资源，它对于管理对象的价值或功能有扩大和加强的作用，同时对管理对象的价值或功能的有效发挥有引导作用。

（三）SWOT 分析

SWOT 是 Strengths、Weaknesses、Opportunities 和 Threats 的英文缩略语，就是指优势、劣势、机会和威胁。外部环境的影响，可以归结为机会和威胁；内部条件分析，在于明确企业拥有的优势和劣势。SWOT 分析就是对外部环境的机会、威胁和企业内部的优势、劣势进行综合分析，据此构思、评价和选择企业战略方案。

1.机会与威胁分析

外部环境包括很多因素，有的对企业发展有利，可能给企业带来某种机会，如宽松的政策、技术的进步就可能为企业降低成本、增加销售量创造条件。外部环境对企业的威胁，则是那些不利于企业发展的因素，如紧缩信贷、原材料价格上涨、税率提高、出现新的竞争者、市场疲软等。

怎样来判断机会与威胁呢？

（1）注意机会与威胁的时间性

机会与威胁从其时间性来看，可以分为长期与短期两大类，正确区分这两类不同性质的机会与威胁，对企业的经营决策十分重要。如果把长期的机会与威胁误认为是短期的，则会给企业带来损失。如把短期的虚假需求当作长期的机会而进行设备投资，就会在购进设备之后因需求减退而造成开工不足，使企业陷入困难的境地，这种情况在现实中已屡见不鲜。机会与威胁分析要着眼于寻求长期的机会与威胁，它们将在战略期间内对企业持续发挥作用。

（2）注意要与企业的具体能力相结合

机会与威胁是一个相对的概念，它们与企业的能力强弱有着密切的关系。环境变化对某一个企业可能是机会，而对另一个企业则可能是威胁。例如，当本国货币升值时，对以进口为主的企业来说是机会，而对以出口为主的企业来说就是威胁。因此，对机会与威胁的判断要因企业而异，不可生搬硬套。

（3）注意正确识别机会与威胁

环境因素是复杂多变的，机会与威胁也并非表现得那么直观、显露，能否正确地识别机会与威胁，往往依赖于分析者、经营者的主观判断和经验积累。就机会而言，不仅需要善于发现，有时还需要积极去创造。因循守旧可能对机会视而不见，惧怕失败也会把机会当作风险而不敢越雷池一步。因此，分析者对环境变化敏锐的感受力、创造性的思维及勇于开拓的精神，对于正确识别机会与威胁是十分重要的。

2.优势与劣势分析

企业内部的优劣势是相对于竞争对手而言的，表现在资金、技术、设备、价格、成本、质量、市场、职工素质、管理水平等方面。优势是企业的长处、优点或特色；劣势是企业的短处、缺点或薄弱环节。企业的发展要贯彻"扬长避短"或"扬长补短"的方针，要正确认识自身的优势与劣势。

怎样才能正确认识自身的优势与劣势呢？

（1）要有强烈的问题意识

所谓问题，是现实与理想之间的差距。在分析企业的优势与劣势时，要带着强烈的问题意识，这对那些经营成绩较好的企业来说尤为重要。在今天千变万化的经营环境中，企业经营的成绩只能代表过去，今后对企业来说是严峻的、艰巨的。如果没有强烈的问题意识，往往会"一俊遮百丑"，或盲目陶醉于优势而看不到自己的劣势。同时，对于效益较差的企业也不要看不到自己的优势而一味地看自己的劣势。

（2）要从长远发展观点评价企业能力的现状

要从发展的、动态的观点出发，充分考虑几年甚至十几年以后企业经营形势的变化。对企业的优势分析要采取慎重态度，对企业的劣势分析要采取紧迫态度。

3.综合分析

外部环境与内部条件是相互渗透和相互影响的，因此必须将机会、威胁、优势、劣势综合起来分析。在分析时，常进行以下提问：

（1）能否发挥优势来减少劣势？

（2）能否发挥优势来利用机会？

（3）能否利用机会来消除劣势？

（4）能否利用机会来加强优势？

（5）劣势是否会削弱优势？

（6）劣势是否会妨碍利用机会？

（7）威胁是否会加大劣势？

（8）威胁是否会削弱优势？

这种反复对照提问可以刺激分析者的思考，有利于将各个因素组合起来，形成新的战略。

二、煤炭企业的经营目标

煤炭企业经营目标，是煤矿生产经营活动在一定时期内预期达到的经营成果与水平。任何企业在一定时期都有其经营目标，企业的各项生产经营活动都要围绕这一目标来进行。常见的经营目标有以下四个：

（一）贡献目标

企业的价值取决于它对社会贡献的大小。企业对社会的贡献，既包括提供商品或劳务，满足消费者的物质文化生活需要，又包括创造价值，为国家提供积累，促进社会经济的发展。

（二）市场目标

市场是企业的生存空间。市场目标是指一定时期内，企业占领市场的广度和深度。开拓新市场，提高市场占有率是企业重要的经营目标。有条件的企业，还应开拓国际市场，提高产品在国外市场的竞争能力。

（三）发展目标

发展目标是指企业在一定时期内，其生产规模、品种的扩大和产品质量、技术水平的提高。它不仅表现为生产能力的扩大，技术水平与管理水平的提高，还表现为企业职工素质的不断提高。

（四）利益目标

利益目标是指企业在一定时期内，为本企业和职工创造的物质利益。它表现为企业实现的利润、工资与奖金、职工福利等。利益目标是现代企业经营活动的内在动力，也是企业谋求生存和发展的基础。

企业总体经营目标，是通过各个环节和各个部门的职工的努力来实现的，因此各部门要围绕企业的总体目标制定本部门的具体目标，从而在企业内部形成一个纵横交错、有机关联的目标体系。也正是通过企业经营目标的层层分解和层层保证，使各部门各环节的生产经营活动紧密配合，使企业的总体经营目标得以最终实现。

第三节　煤炭企业生产经营战略

一、企业产品战略

产品是一个综合性的概念，包括有形与无形的劳动。比如一台收录机，既具有收录功能的物质形态，又具有选型、包装、标签和品牌的价值，还包括销售过程中以及销售后所提供的服务等。在任何一个时代，产品对企业来说，都是至关重要的。产品是企业生命力的综合标志。一个企业如果拿不出适应社会需要的产品，将难以为继。

企业的产品战略又可以细分为产品发展战略、产品革新战略和产品发明战略三个层次。

（一）产品发展战略

产品发展战略是由企业原有市场和其他企业已经开发的而本企业正准备投入生产的新产品组合而产生的战略，即对企业现有市场投放新产品或利用新技术增加产品的种类，以扩大市场占有率和增加销售额的企业发展战略。从某种意义上来说，这一战略是企业发展战略的核心。因为对企业来说，市场毕竟是不可控制的因素，而产品开发是企业可以努力做到的可控制因素。

采用产品发展战略的前提条件是，企业要对其原有顾客有透彻的了解，能够提供满足顾客需要的其他产品，这种战略具有一定程度的创新性和开拓性。新产品的开发鼓励企业从事新的探索，可以提高企业对技术进步的适应能力。但缺点是企业束缚了自己，企业的潜能仅仅被用来在原有市场的顾客群中寻找新的投资机会，这可能会因为没有寻找到其他市场而导致较大的机会成本。因为其他市场，尤其是正在成长的新市场可能会比企业现有市场更加有利可图。

（二）产品革新战略

这是企业在原有目标市场上推出了新一代产品，这种战略比传统的产品发展战略向前迈进了一步。企业的重点虽然在原有的目标市场，但通过新技术的运用，企业的产品性能有了显著的提高，原来的产品或许能再生产几年，但企业已运用最新技术生产了新一代产品。例如，某公司具有世界钢琴销售总量的40%，然而世界钢琴总需求量每年都以10%的速度递减，该公司没有把自己束缚在常规的提高效益的方法上，如降低成本、增加型号、削减日常开支等，而是从一个全新的角度去看待如何为顾客创造新价值。于是，该公司开发了一种将手动技术与视觉技术相结合的新技术，运用这种技术使普通钢琴的性能大幅度提高，从而开辟了新的销售市场。

（三）产品发明战略

这种战略要求企业发明别的企业从未生产过的新产品，并进入到别的企业已成熟的市场，因而它具有创新的开拓精神，这种战略体现了创新、开拓和高风险高收益的特征。当企业向一个其他企业已经形成的市场推出自己的第一代新产品时，企业的风险来自两个方面：一是新产品不一定正好适应该市场顾客的需要；二是企业对新市场缺乏第一手资料和实践经验。当企业从事这种风险投资时，它就在运用全方位创新战略上跨出了成功的第一步，很多一流的企业都成功地运用了产品发明战略。现在开发新产品已经成为许多企业的主攻方向，成为企业家创造未来的首要课题。

二、企业的竞争战略

经营战略从本质上就是针对各种不同的竞争领域及竞争态势，提出相应的战略来达到竞争胜利目的的有力武器。企业竞争战略大体分为三类：一是直接和竞争对手竞争的战略。即企业要寻求和竞争对手之间的差别，利用这种差别制造竞争优势，以达到压倒竞争对手的目的。二是使竞争对手难于反击的战略。如果企业制定了竞争优势，而竞争对手可以立即反击这种优势，则这种优势战略并不高明。例如，单纯降价竞争是竞争战略的下下策，因为企业虽然在价格上暂时取得优势，一旦对手发现，一般也会立即反击；而如果能够采取使竞争对手反击困难或反击迟缓的战略，这种战略要比第一类效果更佳。三是不战而胜的战略，即企业采取的战略能完全封锁住竞争对手的反击。

（一）直接和竞争对手竞争的战略

企业在构成这种类型战略时要明确谁是竞争对手，竞争对象不能搞错。因为竞争对手有直接竞争对手和间接竞争对手、现实的竞争对手和潜在的竞争对手。如果把竞争对手搞错了，制定了错误的战略，会给企业造成非常大的损失。

（二）使竞争对手难于反击的战略

在难于反击战略中主要是缩小竞争对手反击的欲望，即使竞争对手有反击的欲望，也要制造障碍使竞争对手难于反击或没有能力反击。一般会出现以下三种情况：

1.使竞争对手自身陷入被动而不能反击

这种情况是指竞争对手一有反击行动，就会给自身带来波及效果，使其自身陷入被动，因此反击被大大削弱。例如，在竞争中推出代替竞争对手商品的替代品，竞争对手为了对抗这种产品，如果也跟着搞出类似的替代品，就会在竞争对手企业内部造成自己侵犯自己的竞争，因为这种对抗商品必然要侵犯原有商品的需求，这种情况并不少见。

2.先下手为强，使竞争对手难于反击

先下手为强，主要是指抢先抓住企业经营必不可少但却有限的资源，使竞争对手的资源供给受到限制。例如，先招聘熟练的工人及优秀的技术人员，抢先与原材料供应企业签订长期供应合同，抢先获得专利技术，抢先获得一笔投资等。谁先下手取得这些资源，谁就能得到发展，同时，也就给竞争对手制造

了障碍。

3.向竞争对手显示有再反击的充分准备和能力,使竞争对手难于反击

例如,发现竞争对手打算进行大规模投资时,为了警告它,本企业特意透露消息或发布新闻,宣称正在考虑降低产品价格,这样就会使新参与者在参与初期赤字增加,参与价值缩小;也可以宣称已完成设备投资等,以遏制竞争手的进攻。

(三) 不战而胜的战略

这是竞争战略的最佳形式,企业在可能条件下应首先考虑采取这种战略,这种情况在现实经营中是存在的。不战而胜的战略可以分为两种类型:一种是分居共处,把产业分割成若干部分,各企业各居一处,避免直接接触;另一种是协调行动,即各企业共处于一个产业中,互相成为伙伴,协调行动。

1.分居共处

分居共处,即竞争对手之间,各自选择不同的细分市场,相互避开争执纠缠而实现分居共处战略。实现这一战略的主要方法:一是向未开拓的领域投资,扬长避短,避实击虚;二是谋取竞争对手的薄弱部分,占领空缺市场。分居共处的企业在获得成功后自我保护的一个手段就是尽量延长分居共处的时间,同时也要做好早晚不得不瓦解的战略准备。

2.协调行动

竞争与协作是对立统一关系,有竞争就有联合与合作。协调行动的主要方法:一是资源方面的协调,如竞争企业之间可以在人才、资金、原材料、技术等方面合作,有利于提高技术水平;二是生产方面的协调,有利于优化产品结构,淘汰落后产品,可以大大提高经济效益;三是销售上的协调,如联合批发销售、联合试销、展销,统一开拓市场等。

三、企业的科技发展战略

科技发展战略，是根据企业总体战略和市场—产品战略有关新产品开发、改进产品性能、创建产品特色、提高产品质量、改进工艺、降低成本等要求，对企业的科技发展方向、重点、发展目标和对策所作出的总体策划。

科技发展战略，大致分为三种类型：率先创新战略、追踪创新战略和技术渗透型战略。

（一）率先创新战略

这是一种科技进攻型战略，使企业在科学技术方面比竞争对手领先或占绝对优势的战略，如运用高新技术，抢占市场竞争的制高点，便具有明显的竞争优势。

（二）追踪创新战略

这是一种科技防御型战略，即在现有市场已出现的新技术、新产品的基础上，进行限制，并逐步创新的一种战略，以达到后发制人的效果。

（三）技术渗透型战略

实际上这是技术商品化战略，是对已有应用研究成果加以吸收，予以商品化的一种战略。在当今一些科研院所、高等学校乃至企业，不少先进的科研成果仍在实验室里，不少科研人员仅满足于成果鉴定和论文发表，不善于将科研成果商品化。企业应抓住这方面的信息和机遇，努力开掘科研成果这块"富矿"，尽快转化为生产力和物质成果。实施科技发展战略，重在发展高新技术和适用技术。所谓高科技，是指以科学为基础的、处于当代科学技术前沿的、对人类未来的经济社会发展具有重大影响并能推动其他学科发展的技术群。在这种技术的基础上形成和发展起来的产品、企业和产业，是高技术产品、高技术企业和高技术产业。发展高科技，无论是对一个国家、一个民族，还是对一个企业来说，都有极其重要的意义。

首先，高科技产业是高效益的产业，微电子技术和光纤通信技术就是最明显的例子，它们给社会经济带来革命性的变革。其次，高科技产业是竞争力最强的产业。企业的技术开发能力，是企业生存和发展的关键。在国际贸易的商品结构中，高新技术产品具有巨大魅力而又十分活跃。高科技是高生产率的重要技术物质条件，从根本上说，没有高技术就没有高生产率。最后，高科技技术是战略性技术。有教授指出，高技术是技术进步的测向器，谁在这方面拥有优先地位，就能给谁带来活动余地。事实上，当今国际经济技术的竞争，已经越来越集中地表现在发展高新技术的竞争上。在发展高新技术的同时，我们也要注意从实际出发，适时发展适用技术和中间技术。

四、企业的国际化经营战略

企业国际化经营，又称"全球化经营"，是指企业在基地所在国之外，还拥有或控制着生产、营销或服务的设施，进行跨国生产、销售、服务等国际性经营活动。企业实行国际化经营，必须具备一定的条件：第一，企业要成为国际产业结构体系中的组成部分，必须具有较大的实力和规模。第二，企业要拥有具有国际竞争力的拳头产品。第三，企业要有足够的外汇。第四，企业要有能够适应国际经济环境变化的运行机制，能抓住国际市场机会及时调整产品结构，并及时调整对外政策。第五，企业要以国际价值作为其生产和交换的价值评价标准。

企业开展国际化经营，有利于广泛利用国外资源；有利于扩大对外贸易，克服贸易保护主义障碍，提高我国企业在国际市场的地位和竞争力；有利于消化和转移国内过剩的加工能力和传统技术，加快产业结构调整和产品结构调整；有利于造就一批具有战略眼光和国际经营意识的企业管理人才，从而增强企业活力。

五、企业文化发展战略

企业文化不仅是一种精神支柱，而且是一种管理思想、管理方法、管理过程和管理结果。它贯穿企业生产经营的全过程，成为影响企业生存与发展的全局性的战略问题。

企业文化与企业战略必须相互适应和协调。严格地讲，当企业战略制定后，企业文化应随着新战略的制定而有所变化。但是一个企业的企业文化一旦形成后，要对企业文化进行变革难度很大，也就是说企业文化的刚性较大，而且它具有一定的持续性，会在企业发展过程中有逐渐强化的趋势。因此，从战略实施的角度来看，企业文化既为实施企业战略服务，又会制约企业战略的实施。当企业制定了新的战略要求企业文化与之相配合时，企业的原有文化变革速度却非常慢，很难马上对新战略作出反应，这时企业原有文化就可能成为实施企业新战略的阻力。因此在战略管理过程中，企业内部新旧文化更替和协调是战略实施获得成功的保证。所以要进行企业文化建设。

企业文化建设的过程，是一个物质文明建设与精神文明建设结合进行的过程，搞"金钱万能"不对，搞"精神万能"也不对，需要把精神作用和物质利益结合起来；是坚持以培育企业精神为核心，用共同理想动员激励全体职工，共同去创造物质财富与精神财富的过程；是一个关系全局，牵动全局的系统工程，需要企业各级领导、各个方面通力合作才能奏效。

第四节 煤炭企业生产经营决策

一、企业经营决策的含义

决策是指为实现预定目标或解决某一问题,根据对内外条件的分析,从多种可供选择的方案中选择一个比较经济合理的方案的过程。人类的决策活动,随着生产力的发展和社会的进步,经历了一个由盲目决策到自觉决策,由经验决策到科学决策的发展过程。在企业经营活动中,在各领域、各管理层次中,都存在如何作出合理决策的问题。在现代经营学中,人们对经营决策的含义有多种不同的理解。第一种是广义的决策论,即把经营决策理解为一个动态过程。因为人们对行为方案的确定并不是一下子就可以决定的,而要经过提出问题、搜集资料、确定目标、拟订方案、分析评价、最后选定方案等一系列环节,并且在方案选定之后,还要检查和监督它的执行,以便发现偏差,作出新的决策,加以修正。其中任何一个环节出了问题,都会影响决策的效果。因此,决策科学把它当作一个动态过程来研究。第二种是狭义的决策论,即把经营决策仅仅理解为行动方案的最后选择。将决策简单地理解为选择,把提出问题、确定目标、拟订与设计方案等阶段均视为决策之外的单独阶段,由于过于简单,难免产生武断行为。第三种是最狭义决策论,即仅指在不确定条件下的拍板定案。所谓不确定,即是由于受客观环境中不可控因素的影响,往往会出现多种不同的可能,带有一定风险性。而最狭义的理解就是指要担风险,要靠决策者个人态度和决心来进行抉择的决策,而把那种通过计算就可以确定哪个方案最好的决策方案排除在外,因而,这种理解也是不够全面的。科学地理解企业经营决策,应该是指人们在企业经营活动中,对其经营的短期目标、发展规划、行动方案、经营策略等作出的选择和决定。这种决策是一个动态过程,它包括决策前的准备和最后作出的选择。

经营决策对企业的生存与发展起着至关重要的作用。首先，正确的经营决策是企业成长与发展的保证。企业决策正确，就能使企业沿着正确的方向前进，就能不断提高企业的适应能力和市场竞争能力。世界上一些成功的大企业和国内一些叫得响的企业，其成功之处无不首先是在经营决策方面取胜，进而争取了经营的主动权。因此，成功的企业家往往把主要精力和智慧放在正确的决策上。其次，正确的经营决策是促进企业全部经营活动发挥积极作用的重要手段。经营决策所规定的整个目标可以分解到企业各部门，甚至每个职工，这样能调动各个部门、每个职工的积极性，共同协调搞好各项工作。经营决策所规定的经营方针是企业各项工作都应贯彻的准则，是全体职工从事各项经营活动都应执行的原则。有了明确的经营方针，就能把全体职工的智慧、行动纳入统一轨道，拧成一股力量；经营决策所规定的经营策略，可以使企业最大限度地提高经营效益。

二、企业经营决策的内容及原则

（一）企业经营决策的内容

1. 企业生产经营过程决策

企业生产经营过程决策包括产品开发与改进决策、生产制造决策、市场营销决策、技术更新与企业改造决策和财务决策等。

2. 企业经营资源决策

企业经营资源决策包括人力资源决策、物力资源决策、财力资源决策、信息与时间资源决策和管理资源决策等。

3. 企业管理活动决策

企业管理活动决策包括计划决策、组织决策、指挥决策、协调决策和控制决策等。

企业经营决策的内容是一个相互联系的整体，企业所处发展时期不同，决策内容的侧重点也不同。

（二）企业经营决策的原则

第一，系统原则。它要求决策的制定和执行，必须有整体观点、综合观点和连续观点。决策的任何一个步骤、任何一个方面、任何一个环节的问题，都应该放在决策总过程这个大系统中来考察，切忌片面地、孤立地、就事论事地作出决策。

第二，风险原则。任何决策都有一定风险性。要清醒地认识到各种决策方案的风险性。一方面，既要敢于冒风险，一点风险都没有的决策是极端保守的决策，不利于企业的创新和发展；另一方面，又要防止盲目决策，自蹈风险。

第三，信息原则。信息的准确、及时是经营决策的必要条件，又是进行决策所必须遵循的原则。没有信息，决策就成为无米之炊；没有准确、及时的信息，就没有科学的决策。决策所需的信息收集得越多、越准确、越及时，决策的基础就越坚实，决策的成功概率也就越大。

第四，预测原则。任何事物的发展过程都存在一个未知的问题，因此，经营决策的制定和执行的全过程都必须进行预测。特别是在决策的制定过程中，预测既是科学决策的基础和保证，又是决策活动的一个组成部分。

第五，择优原则。决策过程的中心环节是对可选择的方案进行评估和择优。这一原则的基本要求是，决策过程中必须提出多种或多个方案，然后对各方案进行分析和评估，从中选出最切合实际的良好方案。换言之，择优是相对的，任何方案都有利有弊，利最多弊最少的方案就是最优方案。

第六，反馈原则。反馈就是对决策所导致的后果及时进行调整。由于环境和需要的不断变化，最初的决策必须根据变化了的情况作出相应的改变和调整。这种改变和调整是保证经营决策合理化、科学化不可缺少的一环。

第七，数量化原则。决策的数量化，有利于监督检查决策的实现程度。不能衡量其实现程度的决策不是科学的决策。

三、企业经营决策的程序

决策程序,也称为"决策过程",是指明事物发展的要求,依时间顺序所经过的步骤和阶段。

合理的决策必须遵循科学的工作程序,才能使决策科学化和规范化,才能避免决策的盲目性和主观随意性,取得应有的效果。

决策的基本程序大致分为以下四个基本步骤:

(一)找出问题,确立目标

首先要进行调查研究,分析问题,找出要解决问题的关键,据此确定决策目标。目标不明或目标错误,就会导致决策失误。决策目标可分为必达目标和争取达到的目标。根据决策中的教训,决策目标的确立要注意几个问题:一是要分清主次,抓住主要目标;二是要保持各项目标的一致性,相互配合和衔接;三是要尽可能明确具体,力求数量化,以便衡量;四是要明确规范好决策目标的约束条件,包括客观存在的限制条件,如现有物力、财力资源的限制,事物相互制约条件的限制等。只有综合、全面考虑相互因素,目标才具有可实现性。

(二)拟订备选方案

即根据决策目标要求,寻求和拟订实现目标的多种方案。拟订方案时必须注意几点:一是尽可能多提出几种不同方案,以供分析、比较和选择,切忌只提出一个方案就盲目决策。二是拟订方案是一个创新过程,既要实事求是,讲求科学,又要勇于突破常规,敢于和善于创新。只有创新,才能求得最佳的效果。三是要精心设计,在技术上、经济上有较详细的论证,考虑到每个方案的积极效果和不良影响及潜在的问题,既有正面,又有反面,不要失之偏颇。

(三)评价和选择方案,作出决策判断

即从备选方案中选出一个比较满意的方案。在方案的评价和选择中,应注

意以下问题：

一是要根据决策目标确定评价标准。凡是能定量化的都要规定出定量标准，如利润多少等；难于定量化的，如安全可靠性，可以作出详细的定性说明。如果利用评分法作为综合评价，就要规定出评分标准和档次等。

二是要审查方案的可靠性，即审查所提供的资料、数据是否有科学依据，是否齐全和准确。

三是要注意方案之间的可比性和差异性，把不可比因素转化为可比因素，对其差异进行着重比较与分析。

四是要从正反两个方面进行比较，考虑到方案可能带来的不良影响和潜在问题，以全面权衡其得失利弊，作出正确的决断。

评价的方法主要有经验判断法、数学分析法和试验法三种。经验判断法属于定性分析方法，数学分析法属定量分析方法，本书将在后面决策方法中予以介绍。试验法是指一定条件下，比较两个方案，可进行小范围的试验。例如，价格策略，采取两种价格，在基本相同的环境条件下，如同在闹市区的百货商店进行销售，以观察何种价格适宜。这种方法特别适用于商标、广告等不同促销决策方案的比较。

（四）方案的实施与追踪

这是决策的实现阶段。方案一经选定，就要组织实施，落实责任到人。在执行过程中，要了解实施状况，采取措施或调整方案，以达到预期决策目标。

需要指出的是，以上四步是相互联系的，前一步骤是后一步骤的基础，可以反复进行，但不能超越。如决策目标还未确定就去找方案，甚至先提出方案而后定目标，或者方案只有一个就匆匆忙忙去论证等，都会破坏决策的科学程序，很容易引起决策失误。

四、企业经营决策的方法

经营决策方法是人们进行经营决策的科学手段。随着决策的实践和决策理论的发展，决策方法也相应得到了很大发展。最初，决策主要是凭个人的经验进行，到 21 世纪初，决策方法逐渐由仅凭个人经验决策，朝着定性决策和定量决策两种方式发展，并交替运用，互相补充，成为科学决策的两大支柱。

（一）定性决策方法

定性决策方法是在决策中充分发挥人的智慧的一种方法。它的基本思想是直接利用那些在某一专业方面积累了丰富经验、知识和能力的专家的经验，根据已知情况和现有资料，提出决策目标和方案，并作出相应的评价和选择。这种方法主要适用于那些难以定量化的决策问题，同时也可对某些应用定量决策方法作出的决策进行印证。定性决策方法常用的有以下几种：

1. 经验决策法

这是一种最古老的决策方法。由于它简便易行，在现代企业经营决策中，经常使用。特别是对那些业务熟悉，工作幅度变化不大的企业，往往可以凭经验作出决策，并且能取得良好的效果。

2. 德尔菲法

这种方法最早是用于预测方面，后来被推广应用到决策中来。它的核心组织形式是，不把专家召集在一起开会讨论，而是事先将需要回答的问题写一个意见征询表寄给各位专家，然后将专家的答复意见加以统计归纳，再以不公布姓名的方式将归纳结果寄回给各专家，再征求意见，再归纳。通过几次反复，使专家的意见逐渐趋于集中，以便据此作出决策。这种借助书面表达意见的形式，避免了专家之间面对面，由于权威、资历、口才等方面产生的消极影响，有利于专家把意见充分发表出来。

3.头脑风暴法

这种方法旨在借用精神病患者胡言乱语的意思,转用为无拘无束地畅谈各自的看法。它的核心是开动脑筋,互相启发,集思广益,寻找新观念,提出新建议。其特点是运用一定的手段,保证大家互相启迪,在头脑中掀起思考的风暴,在比较短的时间内提出大量的有效的设想。头脑风暴法采取的组织形式正好与德尔菲法相反,它是采取会议讨论的形式,召集 5 至 10 名人员参加。会议成员既要求有各方代表,又要求各代表身份、地位基本相同,而且要有一定的独立思考能力,切忌人云亦云。会议时间一般以 1 至 2 小时为宜。会议首先由主持人提出题目,然后由到会人员充分发表自己的意见。为了使到会人员大脑皮层处于高度的兴奋状态,会场要有一定的舒适感,使人感到无拘无束。会上对任何成员提出的方案和设想,一般不允许提出肯定或否定意见,以免阻碍个人的思考,也不允许成员之间私下交谈。每当某一代表发言时,其他人应集中精力认真听取意见,以便从中受到启发。会议结束后,再由主持人讨论各种方案,进行比较。经验证明,采用这种方法提出的方案要比每个人单独提出的方案,在数量上和质量上要多出和高出许多。

4.集体意见法

这种方法与头脑风暴法不同,它是把有关人员集中起来进行讨论以形成一种意见或建议。与会者发表的各种看法,其他人可以加以分析、评价,或提出不同的看法。彼此之间相互讨论、相互交流、相互补充、相互完善。会议主持人还可以根据发言者的个人身份、工作性质、意见的权威性大小等因素对各种意见加以综合,然后得出较为满意的方案。

定性决策方法运用得当,不仅灵活简便,而且省时省力。但是,这种方法也有一定的局限性。一般来说,它严格论证差,主观成分强,有时还会因参加者的知识类型不一致而使意见倾向性很大,而且传统的观点往往占优势,决策大多偏于保守。

（二）定量决策方法

定量决策方法是建立在数学分析基础上的一种决策方法。它的基本思想是把决策的常量与变量，以及变量与目标之间的关系，用数学关系表达出来，即建立数学模型。然后根据决策条件，通过计算求得决策答案。这种方法主要适用于重复性、程序性的决策。主要方法有确定型决策、风险型决策和非确定型决策三种：

1.确定型决策方法

确定型决策是指决策的影响因素和结果都是明确的、肯定的。所以，一般可根据已知条件，直接计算出各个方案的损益值，进行比较，选出比较满意的方案。

2.风险型决策方法

风险型决策方法，一般先预计在未来实施过程中可能出现的各种自然状态（即情况），如市场销售状况可能有好、中、坏三种，估计这三种状态可能出现的概率。然后，根据决策目的提出各种决策方案，并按每个方案计算出在不同的自然状态下的损益值，称为"条件损益"。最后，计算出每个方案的损益期望值，进行比较，择优选用。

风险型决策方法主要有决策表法和决策树法两种。

（1）决策表法

决策表法是利用决策矩阵表（又称"期望值表"），计算各方案的损益期望值并进行比较的一种方法。

（2）决策树法

决策树法是利用树枝状图形列出决策方案、自然状态、自然状态概率及其条件损益，然后计算各个方案的期望损益值，进行比较选择。其原理与决策表法相同，但能形象地分析决策的过程，并能解决较复杂的多级决策问题。

3.非确定型决策方法

非确定型决策由于无法估计风险概率，因而不能采用风险型决策的方法。这种类型的决策主要取决于决策者的经验和对未来状况分析、判断的能力，以及审时度势的胆略。

第四章 煤炭企业生产经营管理实践——以开滦（集团）有限责任公司煤炭运销分公司为例

根据笔者多年的调查，现将开滦（集团）有限责任公司煤炭运销分公司（以下简称"煤炭运销分公司"）的公司情况、生产经营管理现状、生产经营管理模式及生产经营管理实践路径描述如下：

第一节 煤炭运销分公司生产经营管理的现状分析

一、煤炭运销分公司简介

2000年3月份，煤炭运销分公司正式成立。公司下辖铁路线137.91千米，内燃机车27台，自翻车152辆，敞车134辆。京山、京秦铁路纵横其中，秦皇岛港、唐山港与之相接，煤炭可直抵华东、华南市场，远销海外。煤炭运销分公司经销开滦自产肥煤、主焦煤、1/3焦煤和动力煤，以及国内外各品种煤炭。销售业务遍及中国东北、华北、西北、华东、华南各地，以及日韩和东南亚各国，与众多国有大型钢铁、焦化和电力企业保持着长期稳定的合作关系。

煤炭运销分公司主要负责开滦（集团）唐山区域所属生产单位的煤炭产品销售、货款结算，对集团其他单位的煤炭销售工作进行行业管理和业务指导。同时，开展煤炭和相关产品的物流贸易工作，负责开滦（集团）铁路运输业务和机车车辆中（小辅）修业务，并进行行业内业务交流。

煤炭运销分公司现有在册员工1190人，中高级管技人员196人。机关设营销部、调运部、质量技术部、市场信息部、经营管理部、财务部、安全工程部、人力资源部、党群工作部、纪委监察部和综合办公室10部1室，所属华北营销中心、东北营销中心、唐秦营销中心、石家庄营销中心、资金结算中心、煤炭运销经营部、外采部和古冶调度室8个直属机构，钱家营、唐山、东欢坨、荆各庄、林南仓、赵各庄、林西7个销售部，铁路运输分公司、宁波公司、开滦（深圳）贸易有限公司3个子（分）公司。

近年来，面对国家加快推进供给侧改革和煤炭市场的异常变化，公司始终秉承"诚信第一、合作双赢"的营销理念，以"用户满意是我们永远的追求"为宗旨，强化创新驱动，内强管理，外闯市场，通过开发气精煤、高灰精煤等品种，满足用户的差异化需求；大力开展争当岗位服务明星活动，加强与用户的煤质检验技术交流，不断提升服务质量和用户满意度；积极融入区域经济发展，进一步拓宽对外运输业务和物流贸易渠道。公司先后获得唐山市和河北省AAA级劳动关系和谐企业、唐山市精神文明单位、河北省明星企业、全国煤矿系统全民健身先进集体等荣誉称号。

"十三五"时期，煤炭运销分公司将认真贯彻落实开滦（集团）"扭亏脱困、转型升级、稳定发展"的工作主基调要求，以服务型企业建设为中心，以实现保产销平衡、市场份额、货款回收的"三保"和整体效益最大化为目标，以调结构、转方式和规范管理为主线，充分发挥运销龙头作用。

二、煤炭运销分公司生产经营现状

2023年以来，宏观经济形势不及预期，国内煤炭市场先抑后扬、波动较大。面对复杂形势，煤炭运销分公司坚持以习近平新时代中国特色社会主义思想和党的二十大精神为指导，全面贯彻落实（集团）公司决策部署，坚持销贸运一体化战略方向，持续聚焦改革创新、精细管理、精益营销、外购统销"四大主线",锐意进取、奋力攻坚,高质量完成各项目标任务,为(集团)公司高质量发展作出积极贡献。

(一)主要标志

一是经营业绩再创最高水平。2023年自产煤销量2493万吨,同比增加225万吨;外购统销完成819万吨,同比增加82万吨;外购统销利润9200万元,同比增加3803万元。

二是管理水平明显提升。党的领导坚强有力,队伍建设和谐稳定,发展思路清晰具体,营销模式完善优化,风险管控不断规范,实现了经营零风险、安全零事故、环保零事件、维稳零上访。

三是品牌影响力持续增强。行业知名度、用户话语权、市场竞争力稳步提升,荣获2023年度煤炭运销领军企业、2023年度煤炭运销优质品牌、2023年度唐山市先进集体等荣誉称号。

(二)工作成效

1.转型升级提质增速

持续推动能源供给向购销综合服务转型,深化"5663"营销管控模式,实施"双20"战略,可持续发展根基更加坚实。

自产煤营销管理精益求精,实现综合效益最大化。市场布局和用户结构进一步优化,在部分精煤重点用户退城搬迁、2023年全年协议量减少84万吨的情况下,高灰精煤保持正常销售,销量260万吨,创效4.7亿元;公司冶金洗混煤几乎全部销往价格高、回款快的洗煤厂用户,增效6500万元。价格调整科学合理、及时准确,市场价格处于合理偏高水平,长协价格处于行业高位,开滦钱矿肥煤平均价格比山焦辛置同品质肥煤高101元/吨;推行公司以质定价、对标定价,以及区域报价、总部审核制,价格更加合理,用户满意度持续提升,较好维护企业形象。

外购统销扩能延链做强做大,规模效益大幅增长。以贸促销成效明显,2023

年全年推动区域气精煤向外埠分流35万吨,有力支撑公司冶金选混煤高价位。终端渠道扩展延伸,长协用户供给量再创历史新高,新开发金隅水泥、浙江物产、唐银钢铁等优质终端新用户9家,首次开展肥煤配煤出口韩国业务。稳步推进定制产品、"黑色系+"、质量检验、资金周转等价值服务,均取得突出业绩并创历史最好水平。2023年全年,主营煤炭产品达34个;焦炭、焦屑外购统销51万吨,利润380万元;货到付款业务创效2740万元;外购统销利润率同比提高73%。

铁路港口内挖外扩做精做强,对外创收水平有效提升。铁路运输辐射范围持续拓展,协鑫、海明等老用户运量大幅提升,成功开发新用户4家,铁路社会创收6647万元,同比增加490万元。"过港+外购统销"运营模式更趋完善,开发过港新用户11家;过港量完成370万吨,同比增长22.9%;利润完成325万元,超预算指标25万元。

2.改革攻坚走深走实

充分发挥改革的突破和带动作用,激活高质量发展动力。

体制改革持续拓展延伸。适应二级公司新变化、新要求,积极与(集团)公司搞好协调对接,实现各项业务有效衔接、顺畅运转。优化调整法律风险防控部、安全技术部职能,健全完善机关、基层两级管理体制,规范"销售+外购统销"管理,有效提高营销效能。优化用工管理,压减岗位5个,累计减员77人,圆满完成集团考核指标。

机制导向作用有效发挥。创新经营考核机制,将外购统销利润和利润率作为重要考核指标,同时,强化风险防控、货款回收、安全生产专项考核,激励与约束并重。做实差异化薪酬分配,设立特殊贡献奖,按业绩大小合理拉开收入差距,实现个人收入与贡献相匹配。

数智化建设提档加速。"智慧运销"综合管理平台正式上线运行,实现销售全流程网络化办公,实时共享业务信息,汽运过磅耗时大幅缩减85%左右,工作效率有效提升。积极引进和应用新技术,多场景异常处理智能预警平台等5项创新项目相继投入应用,销贸运智能化水平持续提高。

3.精细管理质量提升

坚持控风险、稳质量、强服务，筑牢高质量发展支撑。

风险防控水平持续提升。以资金安全为核心，健全完善外购统销经营风险管理规定等9项制度，以及客户准入、统计结算、合同清结、监督预警等14个方面管控机制，压紧压实责任链条，强化关键环节控制，做到事前、事中、事后全过程、动态管控监督，守住经营风险底线。2023年全年，在下游用户经营异常困难的情况下，自产煤回款率100.91％，应收账款保持年初水平；外购统销货款处于合理账期，有力保障（集团）公司资金安全和正常流转。

本质安全水平持续提升。站在政治和全局高度抓安全，聚焦"三零"目标，从严从细抓实"一化三规范"安全管控模式落实，强化安全隐患排查整治，抓实员工行为管控，实现安全生产。2023年全年，排查并消除C级安全隐患215项，发现并处理"三违"事件53起。

营销服务水平持续提升。高效完成电煤保供任务，同时将有限资源向高价流向倾斜，实现效益最大化。2023年全年电煤长协合同履约完成率99.8％。积极适应环保政策，统筹铁路、公路运输组织协调，均衡稳定发运，有效化解滞销风险。2023年全年铁路发运量完成830万吨，超额完成北京铁路局互保协议。充分发挥煤质检验行管职能，超前指导生产单位合理配采、科学配洗，实现提质稳价、以质保价。积极推进深度营销和个性化服务，助力用户解决成本、资金、质量等实际问题，满足用户需求，实现合作双赢。

4.共建共享卓有成效

践行以人为本理念，优化环境、提高民生，普惠高质量发展成果。

减污降费创新推进。严格落实各项环保措施，废旧油脂、物资处置全部达标，实现清洁生产。按期完成洗车台改造等三个重点环保项目，公司电动重卡正式投入运营，机车"油改电"项目准备工作基本到位。

发展环境和谐稳定。为职工办实事工程全部落实到位，在岗员工人均收入与企业效益同步增长；认真落实信访稳定责任和困难员工帮扶机制，解决员工关心问题，化解潜在风险隐患，实现"五个不发生"目标。

5.党的建设全面进步

围绕经济中心，服务发展大局，引领保障企业高质量发展。

党的领导作用有效彰显。深入学习宣传贯彻党的二十大精神，持续筑牢政治思想根基。充分发挥党委把关的定向作用，研究制定《运销公司销贸运一体化高质量发展规划》，为企业发展指明战略方向。坚持把党的领导融入公司治理环节，前置研究重大经营管理事项41项。

组织保障作用有效增强。深入实施"五强五促"党支部工作机制，突出"实、融、活、效"四字诀，构建实施"155"推动模式，推动党建工作、经济工作深融共促。选优配强各级领导班子，调整科级管理人员24人次，优化年龄结构，保证有序衔接。加强人才队伍管理，深化轮岗实训、销贸大讲堂等特色活动，营销队伍五种能力明显提升。

宣传思想作用有效发挥。严格落实意识形态工作责任制，履行全面领导责任，防范化解风险，保持意识形态安全稳定。深入开展学习贯彻习近平新时代中国特色社会主义思想主题教育，营造以学铸魂、以学增智、以学正风、以学促干的良好氛围。强化形势任务教育，唱响销贸运一体化高质量发展主旋律，公司上下干事创业氛围更加浓厚。

全面从严治党纵深推进。健全完善全面从严治党体系，严格落实"六项工作机制""八项保障措施"，实现制度化、长效化发展。做实做细日常监督，开展销售管理专题监督、外购统销风险防范监督，有效促进管理水平提升。

（三）工作不足

在看到成绩的同时，也要认真查找不足，特别是煤炭运销分公司对物流贸易产业的新发展要求，还存在以下方面的问题：

一是市场开发能力有待提升。前端资源短缺，终端市场份额有限，"双20"战略用户支撑力不强，有资源无市场、有市场无资源的现象时有发生，制约外购统销业务拓展，问题根源是营销专家团队市场开发能力跟不上发展规划要求。

二是服务能力还有待提升。价值服务优势还未充分发挥，按需服务意识还要进一步增强，尤其在深度营销方面，与用户生产部门衔接不够紧密，个别优质新用户合作关系维持不住，存在合作中断、用户流失现象。

三是风险精准管控能力还有待提升。外购统销业务动态监督、应急处置等方面还有提升空间，个别单位、部门、个别人员风险意识不强，在业务运转过程中，出现了客户审查不严、货权凭证滞后、合同文本不严谨、合同归档不及时等一些不应该出现的问题。

四是创新力、执行力还有待提升。个别单位、部门抓工作思路不够宽、办法不够多，缺少主动性，仍存在"等靠要"现象；有的单位、部门执行力不够强，在贯彻落实公司党政决策部署上打折扣、做减法，工作质效不及预期。

第二节 煤炭运销分公司生产经营管理模式

为不断健全完善以市场预判、计划安排、价格制定、合同签订、发运管控、售后服务为框架的"六位一体"营销运营体系，根据当前规章制度，结合实际营销管理情况，持续推动五个坚持、六个优化、六种定价、三个目标为抓手的"5663"营销管控模式，深挖内潜促提升，广开市场拓渠道，发挥自产煤基础优势，掌控外采统销资源，不断提高市场占有率，提升市场话语权，厚植开滦品牌价值，打造国内具有较强竞争力的战略综合服务商，实现集团产品销售效益最大化。

一、五个坚持

（一）坚持制度化、规范化原则

营销管理行为要坚持以规章制度为准则，规范化操作，任何业务开展都要按照程序和规定办事，合理合规合法。

（二）坚持合作共赢，共谋发展原则

处理与用户之间的关系要坚持平等互助，公平公正，诚实守信，稳定协同。着力构建命运共同体，实现合作双赢，谋求共同发展。

（三）坚持民主集中制原则

价格、计划管理等重要敏感事项和复杂业务要群策群力，听取各方面意见和建议，并坚持群体会签审批，杜绝一言堂。

（四）坚持信息引领销售原则

坚持以市场为导向，开展营销业务活动，发挥市场信息研判作用，精确预判市场走势，为营销决策超前提供理论基础和数据支撑。

（五）坚持创新驱动、高质量发展原则

坚持把创新作为推动高质量发展的第一动力，根据形势和发展需要，不断在管理理念、体制机制、规章制度、营销策略和营销模式上推进创新，激发全员创新意识，发挥主观能动性，助推高质量发展。

二、六个优化

（一）优化市场布局

不断加大国际国内市场开发力度，不断优化并拓宽销售渠道，着眼内蒙古、山西、新疆、陕西主产区，研究国际供销市场，构建"做实华北""稳固东北""辐射东南"三位一体市场格局。

（二）优化用户结构

完善用户管理，着力管理和培育诚信、稳定、有实力、信誉良好的优质用户。构建以国有长协用户为主导，以市场重点用户为补充，以其他市场用户为调节的用户结构体系。

（三）优化价格体系

根据市场布局和用户结构，建立与之相适应的价格体系，针对用户类别采取不同价格策略和政策，做到公平公正、科学合理、依据充分，确保合作双赢、综合效益最大。严禁针对特殊用户定价。

（四）优化物流管理

坚持按计划均衡稳定发运，优化各部门配合机制，实现有序衔接，提高汽运、路运、海运等物流周转效率，确保物流运输及时、快捷、畅通无阻，实现优质服务。

（五）优化风险管理体系

不断完善风险管理体制，建立与销贸运一体化相适应的风险管控模式，严防资金风险、财务风险、法律风险及廉洁风险等。

（六）优化管理职责分工

完善相互合作与制约相统一的管理责任分工体系，坚持管理与执行分工合作，做到价格制定与执行、合同签订与执行、结算单制定与执行相分离，各部门之间既相互统一，又相互制约。避免既当裁判员，又当运动员。

三、六个定价方式

（一）招标定价

充分发挥"开滦云商"线上招标平台作用，每月不定期进行招标，发现市场价格，指导现货价格，检验定价合理性。

（二）对标定价

每周对山西、内蒙古、进口、港口竞争品种进行对标，参考对标结果进行定价，价格要有竞争优势，做到知己知彼，心中有数。

（三）趋势定价

充分发挥市场研判作用，超前预判宏观、行业、区域市场形势，根据市场趋势适度超前制定调价幅度，该涨价的时候不耽误，该降价的时候不含糊。

（四）差异化定价

根据不同煤种和内在品质，价格调整幅度要有针对性，各品种价格要量身制定，符合产品本身实际价值和价格。

（五）指数定价

精煤参考"唐山区域炼焦煤价格指数"与"山西冶金煤价格指数"；动力煤参考"港口现货指数"及"进口煤到岸价格返推出矿价格"，结合指数波动幅度，酌情定价。

（六）以质定价

按质优价优的原则，不同质量的产品，定价幅度也不相同。尤其是动力煤产品，根据质量优劣情况，区别定价。

四、三个目标

（一）保生产

保生产以保产销平衡为基本目标，做好产销有序衔接，切实为生产做好服务。

（二）保市场

保市场以保障市场占有率和增强市场话语权为重要目标，在巩固当前市场的前提下，不断扩大其他区域的市场份额，为自产及贸易煤销售拓宽渠道。

（三）保回款

保回款以保证货款回收为长期目标，无论自产煤还是贸易，各部门相互配合，严格执行货款回收政策，确保货款及时回收。

第三节　煤炭运销分公司生产经营管理实践路径

一、自产煤营销管理实现新进步，确保综合效益最大化

持续完善"5663"营销管控模式，及时有效优化市场结构、调整策略措施。优化价格管理，向市场要效益。在煤炭价格下行压力较大的背景下，市场信息部要超前分析宏观形势、微观环境、特殊事件、国家政策对煤炭供需的影响，动态预测预警，准确把握规律，搞好6种定价，做到价格调整及时准确。探索优化动力煤长协定价机制，调整质量考核条款，激励用户在市场价格低于限价期间均衡稳定拉运，同时，充分发挥行管职能，指导集团外埠公司价格调整，做到协同联动、合理可控。积极推进精煤长协指数定价机制，助力中国焦煤品牌集群科学定价。

优化市场布局，向结构要效益。动力煤营销部要统筹公司各区域长协用户管理，优化销售流向和资源配置，推行定制化营销，做到合作共赢、经济最优。焦煤营销部要深挖产品结构效益，加强高灰精煤全产业链市场开发，全年增加高灰精煤销量10万吨以上；合理调整精煤长协市场布局，推动长协煤向经济效益好的用户倾斜，重点增加湛江钢铁、中国矿产、浙江物产等用户销量，全年东南区域销量力争提高30万吨以上；加大地销市场开发力度，巩固精煤地销中长协用户体系，有效应对退城搬迁影响，全年力争开发地销新用户2家。

强化营运管控，向管理要效益。营销部门要进一步研究精细营销工作，坚持科学计划，适时调整发运节奏，结合市场环境变化，搞好库存管理，实现高价增量增收。煤炭运销分公司要严格发运管控，健全完善用户管理、计划管理机制，加强市场下行期用户拉运计划考核管理，着力培育销售范围500千米以

内、诚信互助、需求稳定的市场重点用户群体，提高营销可控度和区域销售综合效益。调运部、各销售部要强化发运组织，健全完善预警处置机制，统筹铁路、公路、水路3种运输方式，提高精准度、稳定性，做到保长协合同兑现和保矿井生产的统筹兼顾。

深化产销协同，向服务要效益。严格执行产运需常态化信息沟通机制，着力搞好内外服务，构建产销联动、效益协同格局。各营销中心要持续推进深度营销，主动与用户生产一线进行对接，准确掌握用煤结构、生产配比、质量标准、库存底数及开滦煤使用等一手资料和实际情况，积极跟进用户反馈和诉求，挖掘扩大合作规模突破口。质检中心要发挥行业管理职能，健全完善煤质检测管理机制，全面加强产品质量管理，规范煤质预测预报和监督检查，按流程抓实煤质问题反馈，引导生产单位稳定和提高产品质量，提升开滦品牌信誉。两个营销部要及时向各矿通告市场趋势、解读营销政策、反馈用户诉求，系统测算不同质量产品综合效益，引导各矿按市场规律生产适销对路产品。

二、外购统销实现新进步，确保规模效益稳步增长

深入推进扩能延链工程，持续提升增盈增效水平。

积极探索推进进出口业务。市场信息部抓紧做好开展进口煤业务资质准备和能力准备。在煤炭进口方面，积极与诚信稳定的国外煤企、代理商对接，寻求长期有效合作模式，做实海外直采业务；探索与内部焦化企业联合开展进口业务。在煤炭出口方面，多渠道开发战略合作伙伴，建立出口煤长协机制，增加煤炭、焦炭出口量，为扩能延链提供有力支撑。

进一步加大终端战略用户群开发培育力度。坚持以终端市场为引领，全力培育具有话语权的终端合作用户群。深挖动力煤长协用户合作潜力，积极推动外购煤年度合同签订工作，利用自产和社会资源保供，履行政治责任，彰显国企担当。积极培育预付款优质用户群，加大合作、支持力度，切实以高端服务、优质产品、信誉品牌推动持久合作、长远发展。经营部要深化冀东水泥战略合

作，逐步培育成百万吨级终端用户，实现开滦水泥煤稳量增量。探索外购煤进入民营企业的有效模式，定制化培育信誉优良、实力雄厚、理念协同的优质新用户，以新的客户群体推动市场份额持续增长。

持续培育战略供应商。通过产品购销、委托加工、品牌定制等形式，最大限度地整合社会煤炭资源为己所用，助力自产煤质量提档升级，提高产品附加值，同时实现外购统销增量增效。积极开发培育内蒙古、山西外埠供应商，与实力雄厚、诚信可靠、有抗风险能力、注重长期利益的产地矿井、洗煤厂建立战略合作关系，明确定位、减少环节、降低成本，做到源头规模化、均衡稳定供应。稳步推进煤炭储配加工基地建设，相关领导和职能部门要按照发展规划要求，加快理清思路，形成合力，全力推动，切实解决资源掌控力不足、布局不合理的问题。

加快推进铁路港口协同发展。充分发挥自身优势，主动融入区域经济，以及销贸供应链，实现增量增收。港口公司要打造港口煤炭集散中心，为用户提供一站式装船过港服务，推动过港增量；积极破解储配场地不足等瓶颈问题，优化过港结构，提高利润水平，为长远发展奠定基础。铁运公司要深挖铁路运输创效潜力，优化运输价格体系，承接专用线项目，延伸仓储装卸服务，拓展推进外购统销，推动由单一运输向多元经营转变。全年过港量确保完成350万吨，力争完成400万吨以上，铁路社会创收完成6500万元以上。

深度推进价值服务。立足国有企业高端服务商定位，主动向用户宣传运销服务理念、双赢思维和发展定位，引领产业链供应链上下游用户树立共同价值观和发展目标，带动用户参与价值共创共增，形成"利益共同体"，实现价值共享、合作共赢。要搞好供应链管理服务，以资源购销、洗选加工、代储运输、信息研判、资金周转、质量管控"六种价值服务"为抓手，对现有资源、要素进行全面整合，努力为供应链上下游量身定制适合需求的服务方案，助力用户降成本、增效益，维护营销渠道，增强品牌信誉。质检中心要强化外购统销资源质量管理，完善制度，规范抽检，售后跟进，严格考核，同时充分利用资质优势，积极开发煤质检测业务，努力增加煤质检测服务收入。

三、改革创新实现新进步，确保发展动力持续释放

坚持把改革创新作为动力之源，补短板，破瓶颈，持续健全完善适应销贸运一体化高质量发展的管理体系和机制。

深化管理体制改革。突出放管结合，优化机构设置，打造精干高效型本部机关，以及专业化、区域化发展型基层单位的组织架构，重点以"四自经营"为导向，适时调整外购统销单位组织构架。优化管理职能，加强本部机关核心业务集中管控职责，明确基层单位"四自经营"范围和权限，适时调整职能定位，提高经营主动权。优化用工管理，调结构，控总量，推行外购统销单位、员工双向选择，配优配强主营业务人员。

持续优化考核分配机制。健全完善经营考核政策，以效益利润为核心，针对机关部门、各子（分）公司、直属机构、基层销售部工作特点和主体责任，科学设定考核项目和指标，强化考核约束和激励引领。优化差异化分配机制，对各单位、部门推行奖金总额考核，内部进行自主分配，做到按劳分配和按贡献大小分配相结合，切实让收入真正体现员工业绩，让员工业绩得到有效回报，激励干事创业、积极进取。党委组织部要做好监督管控，并纳入重点工作考核范围。大力推动劳动人事制度改革，鼓励岗位兼并，深化"减人不减资、增人不增资"分配机制，科学运用管技员工考核测评结果，促进全员提质增效、干事创业。

加快数智赋能发展步伐。持续完善"智慧运销"综合管理平台，对接整合合同管理、质量检验、统计结算、开滦云商，以及外购统销等相关业务系统，解决信息孤岛问题，形成销贸运业务全方位、数字化管控。建立市场信息子系统，打造资源信息、用户信息、市场信息共享平台。建立煤质管理子系统，实现全品种煤炭数据信息实时查询。建立物流管理子系统，不断提升铁路运输、港口智能化水平。

四、经营风险管控实现新进步，确保发展基础更加稳固

坚持把防范经营风险作为头等大事，狠抓精准、动态、全过程管控，始终牢守风险防线。

系统构建"三位一体"风险管控模式。健全完善制度体系，切实发挥业务部门、法务部门、监察部门合规管理三道防线作用，着力夯实业务部门第一道防线，逐级抓好各项制度学习贯彻落实，在执行过程中查找差距和不足，特别是针对进口煤、货权转移、合同规范等新业务、重点业务，细化标准，规范流程，持续改进。健全完善落实体系，优化调整风险评估、监控、预警和处置管理机制，月警示，季评比，重问责，切实压实主体责任，保证措施落实到位。健全完善监督体系，进一步明确业务部门、职能部门、监察部门监督职责，建立风险排查、事件追溯、结果考核机制，全过程跟踪监控每笔业务运转情况，形成立体式监督局面。

持续加强货款回收和资金管理。针对钢焦行业用户生产经营困难、资金紧张的实际，健全包保责任体系和考核机制，逐户设定外购统销用户回款账期，分类包干管理，严格考核标准，持续提高回款针对性和实效性，同时，聚焦结算标准、问题分析、督导整改、应急处置等环节，构建制度化回款管理模式，确保应收尽收。大力清收应收账款，按照清收难度和额度设置考核奖励标准，压实清欠责任，调动积极性；各营销部门要正确处理发运、价格与欠款之间关系，及时采取发催款函、减量发运、暂停发运等措施，促进清收，压减欠款金额。健全逾期应收账款管控机制，加大考核力度，及时有效处置，守住资金安全底线。严格资金统一管理，刚性执行预算，规范外购统销业务付款审批流程，尤其是要精准、动态确认合作用户资质和经营状况，科学调控，保证安全。财务部、经管部、结算中心、风控部要加强全流程监管，严格执行考核办法，推动各级主体责任和各项保障措施落实到位。

强化风险精准动态管控。抓好事前精准化防控，严格尽职调查，精准评定信用等级，科学评估风险，既要以流程管控保安全，更要兼顾新情况促发展，在风险可控的情况下推进新业务。抓好事中动态化防控，建立风险动态评估预警指标体系，以合同履行清结为切入点，动态跟踪、系统分析各业务节点存在的风险隐患，及时发现苗头性问题。抓好事后应急管控，健全完善风险事件报告、应急处置机制，及时科学发现处置问题，提高风险可控度，实现闭环管理。

五、和谐企业建设实现新进步，确保发展成果惠及员工

坚持发展依靠员工、为了员工，让发展成果更多更公平惠及全体员工。

全力抓好安全生产工作。牢固树立"安全第一"思想，瞄准"三零"目标，推动"一化三规范"安全管控提档升级，在保证安全设施投入、改善作业环境的基础上，有针对性地解决各类安全问题，特别是威胁安全生产的小概率问题，强化员工行为习惯养成，提升本质安全水平，坚决筑牢安全防线。

持续改善员工工作环境。深入推进办实事工程，加大销售磅房、铁路站场、港口码头等一线岗位民生投入，打造舒适整洁生产环境。强化环保治理，严格落实除尘抑尘、废旧物资处置等各项环保措施，打造绿色低碳生产环境。关心关怀困难员工群体，稳步提高员工收入水平，实现共建共享。

始终保持和谐稳定发展局面。认真落实信访主体责任，突出重点群体、领域和时段，超前排查化解苗头性、倾向性问题，防范化解各类隐患，坚决把问题吸附和化解在本单位，坚决实现"五个不发生"目标。

六、党的建设实现新进步，确保政治保证更加有力

深入推进"五强五促"提级深化，持续提升党建引领推动保障销贸运一体

化高质量发展的能力和水平。

坚持把方向、谋全局，持续增强引领力。加强思想引领，始终把学习贯彻习近平新时代中国特色社会主义思想作为首要政治任务，利用党委（党组）理论学习中心组学习、强化党员干部政治理论学习等多种方式，深入学习贯彻党的二十大精神，跟进学习习近平总书记最新讲话精神，持续用党的创新理论，统一思想行动，聚集力量。加强战略引领，聚焦销贸运一体化高质量发展规划落实，强化重点工程及配套子方案组织推动，确保公司不断向全国知名购销综合服务商目标迈进。加强文化引领，积极培塑、着力构建具有运销特质的文化体系，增强运销文化自信，给企业文化赋能发展。

坚持强基础、固根本，持续增强服务力。提级做实"五强五促"党建工作体系，加强顶层设计和整体谋划，健全完善"五强五促"组织领导，推进落实考核评价机制，实现上下贯通、全面覆盖。积极构建"党委立足企业发展目标、支部立足单位考核指标、党小组立足工作现场、党员立足工作岗位"全方位推进体系，强化支部书记、党小组长、普通党员三级网格管理，推动党组织前置研究讨论向基层延伸，健全完善党支部书记考核评价机制，持续推动党支部在领导基层治理、融入生产经营、保障安全稳定中更好发挥战斗堡垒作用。

坚持聚同心、促和谐，持续增强凝聚力。牢牢掌握意识形态工作领导权，强化意识形态阵地管理责任，加强意识形态阵地管理，积极稳妥引导涉企舆情，保证发展和谐稳定环境。长效推动形势任务教育，凝聚发展共识，汇聚攻坚力量，引导广大员工投身企业改革发展实践。深化精神文明建设，积极践行社会主义核心价值观，扎实推动新时代文明实践提质增效，不断提升公司窗口形象。

坚持抓班子、育人才，持续增强支撑力。牢固树立重品行、重公认、重基层、重实绩的用人导向，不断健全完善"1311"选人用人机制，围绕打造思想作风好、民主决策好、科学发展好、清正廉洁好、团结和谐好"五好领导班子"，持续加强领导班子建设，育优配强支撑公司发展的中坚力量。坚持"高端发展要有高层次人才支撑"理念，不断完善培养机制，推进人才培养五年规划落实，突出专业培训、岗位实战和工作经历，通过轮岗实训、交流锻炼、立项攻关等措施，着力提升销贸人才营销技术、专业知识、市场分析、抢抓机遇和业务管理五种能力。创新激励方式，设立人才发展基金，加大优秀导师、讲师、领军人才的评选和奖励力度，激发施展才华、贡献发展的积极性。

坚持严管理、实监督，持续增强保障力。纵深推进全面从严治党，坚持严体系、保落实，不断健全两个责任落实体系，完善全链条工作机制，推进主体责任和监督责任落实，以管党治党新成效提升公司治理效能。驰而不息正风肃纪，锲而不舍落实中央八项规定及其实施细则精神，大力弘扬党的光荣传统和优良作风，持续营造风清气正的良好环境。一体推进"三不腐"，精准运用"四种形态"，抓早抓小、防微杜渐；着力完善"不能腐"的监督体系，围绕决策审批、资金使用、货款回收等关键权力，固本培元，始终筑牢廉洁防线。

参 考 文 献

[1]贺军，黄贺，朱影.煤炭企业战略管控模式的探索与实践[J].中国煤炭工业，2023（12）：38-39.

[2]候芳芳.煤炭资源安全高效绿色开发现状与思路[J].资源信息与工程，2020，35（1）：40-42.

[3]李俊林.现代企业行政管理工作实施的途径探析[J].中小企业管理与科技，2020（36）：5-6.

[4]李雅杰，芮雪琴.数字化、技术创新与煤炭企业的高质量发展[J].技术与创新管理，2024，45（2）：162-171.

[5]李燕.煤炭企业加强管理会计应用的有效策略探讨[J].今日财富，2024（3）：146-148.

[6]李永磊.对国有煤炭企业如何贯彻落实党的二十大精神的思考[J].中国煤炭工业，2023（8）：48-49.

[7]刘文将，赵祉友.煤炭企业发展战略思考[J].化工管理，2024（3）：1-4.

[8]刘钰涵.企业员工有效管理与激励策略思考[J].财富时代，2020（6）：181.

[9]隆泗.煤矿班组长安全基础知识[M].徐州：中国矿业大学出版社，2021.

[10]任小舟，安广楠.煤矿开采生态环境问题及治理对策[J].能源与环保，2022，44（9）：10-14，22.

[11]邵原.论新时代企业决策创新与变革[J].中国商论，2021（7）：130-132.

[12]王海帅.销售计划与销售统计在企业销售中的作用研究：以煤炭与煤化工企业为例[J].内蒙古煤炭经济，2021（16）：78-79.

[13]李原渊.煤炭企业成本管控模式构建探索[J].经济管理文摘，2020（24）：67-68，72.

[14]朱学义.煤炭企业财务分析创新体系研究与应用[M].徐州：中国矿业大学出版社，2012.

[15]吴国书.煤炭企业财务管理与分析实务[M].芒市：德宏民族出版社，2018.

[16]忻国能，杨朔，陶伦，等.基于J2EE技术的可配置化系统的设计开发[J].计算机时代，2021（4）：22-24，27.

[17]尹清.煤炭企业财务共享与业财融合决策分析：基于战略成本管理视角[J].财会学习，2023（29）：98-100.

[18]于杰敏.煤炭企业环境信息披露问题思考[J].合作经济与科技，2024（11）：154-155.

[19]李廷杰.关于现代煤炭企业发展战略的思考[J].价值工程，2005（4）：16-17.

[20]张羽.论市场营销理念在煤炭销售中的重要作用[J].内蒙古煤炭经济，2022（5）：71-73.